사회 문제 **윤리적으로 바라보기**

인공 지능 판사는 공정할까?

이 도서는 한국출판문화산업진흥원의
'2023년 우수출판콘텐츠 제작 지원' 사업 선정작입니다.

사회 문제 윤리적으로 바라보기
인공 지능 판사는 공정할까?

초판 1쇄 인쇄 2023년 8월 21일
초판 1쇄 발행 2023년 8월 30일

글 오승현
그림 박우희

펴낸곳 도서출판 개암나무(주)
펴낸이 김보경
경영관리 총괄 김수현 **경영관리** 배정은 조영재
편집 조원선 오누리 김소희 **디자인** 이은주 **마케팅** 김유정
출판등록 2006년 6월 16일 제22-2944호

주소 서울특별시 용산구 한남대로40길 19, 4층(한남동, JD빌딩) (우)04417
전화 (02)6254-0601, 6207-0603 **팩스** (02)6254-0602 **E-mail** gaeam@gaeamnamu.co.kr
개암나무 블로그 http://blog.naver.com/gaeamnamu **개암나무 카페** http://cafe.naver.com/gaeam

ⓒ 오승현, 박우희, 2023
이 책의 저작권은 저자에게 있습니다.
저자와 출판사의 허락 없이 내용의 일부를 인용하거나 발췌하는 것을 금합니다.

ISBN 978-89-6830-775-1 73190

품명 아동 도서 | **제조년월** 2023년 8월 30일 | **사용연령** 11세 이상
제조자명 개암나무(주) | **제조국명** 대한민국 | **전화번호** 02-6254-0601
주소 서울특별시 용산구 한남대로40길 19, 4층(한남동, JD빌딩)

사회 문제 윤리적으로 바라보기

인공 지능 판사는 공정할까?

오승현 글　박우희 그림

개암나무

> 작가의 말

목숨에도 순서가 있을까요?

　우리는 끊임없이 선택합니다. 우리의 선택이 삶을 결정하죠. 프랑스 철학자 사르트르는 "인생은 B와 D 사이의 C다."라고 했어요. 사람은 태어나서(birth)과 죽을(death) 때까지 수많은 선택(choice)을 한다는 뜻이지요. 그중에는 윤리적 선택도 있어요. 윤리적 선택은 무엇이 옳은지 판단해서 결정하는 선택이죠.
　"새치기를 할까? 말까?"
　약속 시간에 늦었어요. 택시를 타려는데 줄이 길어요. 약속 시간에 더 늦게 생겼지요. 새치기를 해야 할지 고민스럽습니다. 과연 어떤 선택이 옳을까요? 어느 것이 옳은지 갈등할 때 윤리적 고민에 빠졌다고 합니다. '무엇이 더 바르고 정당할까?' 윤리적 고민은 내 선택이 옳은지, 그른지 생각하는 거예요. 모든 선택에는 근거와 이유가 따라요. 우리는 그 가운데 하나를 골라서 행동하지요. 그나마 새치기는 간단한 문제일지 모릅니다.
　"누구부터 먼저 살려야 할까?"

코로나19가 막 퍼지던 시기에 이탈리아 등지에서는 환자가 폭발적으로 늘어났어요. 그러자 어떤 환자를 먼저 치료하고, 어떤 환자를 그냥 둘지 우선순위를 정해야 했죠.

의료진은 병원에 온 순서대로 환자를 살려야 할까요? 나이가 어린 순서대로 살려야 할까요? 살 가능성이 높은 순서대로 살려야 할까요? 어려운 문제지요? 여러분 같으면 누구를 살리겠나요?

우리는 이 같은 윤리적 판단을 내릴 때, 여러 선택지 사이에서 고민해요. 잘 판단하려면 자기가 고른 선택지의 어떤 점에 동의하고, 고르지 않은 선택지의 어떤 점에 반대하는지 명확히 할 필요가 있어요. 자기 입장과 반대 입장의 차이를 잘 알아야 도덕적 정당화가 가능해요. 도덕적 정당화란 자기 행동이 윤리적으로 올바른 이유 또는 근거를 제시해 자기 행동의 도덕성을 증명하는 거예요.

이 책은 윤리적 선택이 필요한 열두 가지 문제를 담고 있어요. 열두 가지 쟁점마다 서로 맞서는 두 입장이 나오지요. 각각의 관점이 어떤 기준과 근거에 따라 서로 다른 판단에 이르는지 보여 줄게요. 여러분이 서로 반대되는 관점을 낱낱이 확인해서 쟁점을 깊이 들여다보길 바랍니다. 더불어 윤리의 잣대로 사회 문제를 판단하는 안목을 기를 수 있으면 좋겠습니다.

모두가 자기 입장만 내세운다면 다툼이 끝없이 벌어지겠죠. 생각을 나누고 합의점을 찾으려면 자기와 다른 생각을 깊이 알아야 합니다. 양쪽 입장을 두루 다룬 이 책을 통해 상대의 입장에 서 보며 윤리적 판단력을 키우길 바랍니다.

 오승현

차례

작가의 말 목숨에도 순서가 있을까요?   4

윤리란 무엇일까?

윤리는 왜 필요할까?   10
윤리는 어떻게 성립할까?   16

사회 문제 윤리적으로 바라보기

장애인 이동권 시위, 꼭 출근 시간에 해야 할까?   26
같은 일을 하면 임금도 같아야 할까?   43
차별을 바로잡기 위한 조치는 차별이 아닐까?   58

소셜 미디어 윤리적으로 바라보기

혐오표현도 표현의 자유에 속할까?	80
유튜브 때문에 세상이 더 좋아졌을까?	99
가짜 뉴스, 규제해야 할까?	115

환경 문제 윤리적으로 바라보기

예쁜 옷이 지구촌을 망칠까?	132
환경을 위해 채식을 해야 할까?	149
선진국이 내뿜은 온실가스, 개발 도상국도 책임져야 할까?	166

과학 기술 윤리적으로 바라보기

자율 주행차는 더 많은 사람을 살려야 할까?	184
인공 지능 판사는 공정할까?	196
메타버스에서는 어떤 행동도 할 수 있을까?	215

여러분, 안녕하세요. 지금부터 다양한 사회 문제를 놓고 어떤 선택이 윤리적인지 함께 공부해 볼 오 쌤이에요! 사회 문제를 구체적으로 다루기 전에 '윤리적 판단'에 대해서 알아보도록 합시다. 일단 '윤리'가 무엇인지 알아볼까요?

윤리란 무엇일까?

윤리는 왜 필요할까?

윤리와 도덕의 차이

국어사전은 윤리를 "사람으로서 마땅히 행하거나 지켜야 할 도리"로, 도덕을 "사회 구성원들이 양심, 사회적 여론, 관습 따위에 비추어 스스로 마땅히 지켜야 할 행동 준칙이나 규범"으로 풀이하고 있습니다. 뜻풀이가 비슷하죠? 사실 우리는 평소에 윤리와 도덕을 거의 같은 의미로 쓰긴 합니다. "윤리가 바로 서지 못했다"라고 말하거나 "도덕이 땅에 떨어졌다"라고 말할 때 윤리와 도덕은 모두 '옳고 그름'에 관한 판단과 관련 있어 보여요.

그런데 곰곰이 생각해 보면 윤리와 도덕이 똑같지는 않은 것 같아요. 영어로 표현하면 도덕은 'moral'이고, 윤리는 'ethics'입니다. 단어부터 다르지요. 초등학교와 중학교 교과서에 도덕은 있지만 윤리는 없습니다. 반대로 고등학교 교과서에 윤리는 있지만 도덕은 없습니다. 그 둘이 같다면 교과서에 따로 이름을 붙이지는 않았을 거예요.

누군가 마음속으로 남의 물건을 훔치려고 생각했다면 비도덕적이라는 평가를 받아요. 그러나 이를 비윤리적이라고 하진 않아요. 훔치겠다는 생각을 실제 행동으로 옮길 때 비윤리적이라는 평가를 받죠. 그러니까 훔치겠다는 생각만 하고 행동으로 옮기지 않는다면 윤리와 관련이 없습니다. 윤리는 실제 행동이 옳은지 그른지를 따지기 때문입니다. 행동이 없다면 윤리적인 판단의 대상이 되지 않아요.

도덕이나 윤리는 개인과 어울려 써요. '개인의 도덕'이나 '개인의 윤리' 등은 모두 사용할 수 있는 표현이지요. 그런데 '가정의 도덕' '국가의 도덕' 같은 표현은 낯섭니다. '가정의 윤리' '국가의 윤리'가 더 자연스럽죠. 이 역시 행동의 측면에서 이해할 수 있어요. 가정이나 국가 역시 어떤 결정을 내리고 행위를 합니다. 그러한 결정과 행위의 옳고 그름을 따진다면 도덕보다 윤리라는 말이 더 적합하겠죠.

도덕과 윤리는 비슷한 개념으로 생각하면 됩니다. 다만 마음이 아니라 행동을 판단할 때는 윤리가 적용된다고 보면 됩니다. 참고로, 동양에서 윤리란 사람과 사람 사이의 관계, 즉 인간관계의 이치와 도리를 뜻합니다. 서양에서 윤리란 그리스어 에토스(ēthos)에서 유래했습니다. 사회의 풍습이나 관습, 개인의 품성 등을 뜻합니다.

윤리가 필요한 이유
양치기였던 기게스는 어느 날 동굴에서 특별한 반지를 발견해요. 그 반지를 끼면 다른 사람에게 모습이 보이지 않았지요. 기게

스는 반지를 끼고 투명 인간이 돼서 온갖 나쁜 짓을 저질러요. 심지어 왕을 죽이고 왕국을 차지해요. 철학자 플라톤이 쓴 《국가》에 나오는 '기게스의 반지' 이야기입니다.

사회의 모든 구성원이 '비윤리적'인 경우를 상상해 보면 윤리가 왜 필요한지 금방 깨달을 수 있어요. 모두가 규칙을 지키지 않고 자기 이익만 챙기면 어떨까요? 구급차가 아픈 사람을 싣고 가는데, 아무리 사이렌을 울려도 차들이 양보해 주지 않는다고 생각해 보세요. 모든 사람이 모든 사람에게 늑대인 사회, 모두가 서로를 잡아먹으려고 하고, 최소한의 인정(人情)도 없는 사회라면 얼마나 삭막하겠어요?

윤리를 지키는 사회는 그만큼 인간적인 사회라고 할 수 있어요. 앞서 말했듯, 윤리는 사람으로서 마땅히 지켜야 할 도리예요. 도리가 지켜지는 만큼 사회는 안정됩니다. 모두에게 유익하죠.

사회를 유지하려면 규범이 꼭 필요해요. 규범은 인간이 행동하거나 판단할 때 마땅히 따르고 지켜야 할 판단 기준이지요. 규범에는 도덕, 윤리, 법, 예절 등이 포함돼요. 예절은 타인을 존중하고 배려하는 마음을 표현하는 행동이라는 점에서 도덕과 일부 겹쳐요. 그러나 예절은 한 민족이나 집단 사이의 습관적 규범이기 때문에 시대나 문화에 따라 표현 방법이 매우 달라요. 인사 예절이나 식사 예절 등은 시대나 나라마다 다를 수 있지만, '사람은 정직해야 한다' 같은 도덕규범은 모두에게 영향을 미치지요.

법이 있는데 굳이 도덕이나 윤리가 필요할까요? 사회 질서를 유지하려 한다는 점에서 법과 도덕은 비슷해요. 다만 법은 도덕이나 윤리보다 훨씬 더 강력할뿐더러 강제적이에요. 법의 이런 특징을 가리켜 '외적 규제'라고 불러요. 그러나 도덕이나 윤리는 강제성이 없죠. 즉, 자율적인 실천의 영역에 속해요. 이를 '내적 규제'라고 하지요.

법 규범과 도덕규범의 차이는 위반 시 부과되는 제재에서 드러나요. 법을 위반하면 손해 배상이나 형벌 같은 책임이 뒤따라요. 반면에 윤리 규범을 어기면 그에 대한 도덕적 비난이 가해질 뿐이에요.

법이 모든 것을 아우르기는 힘듭니다. 모든 행위를 단속하는 법을 만들기도 어렵거니와 법률만으로는 사회를 유지하고 평화를 지키는 데 한계가 있어요. 게다가 법에만 의존하면 법을 어기지 않는 한 어떤 행위든 허용된다고 생각할 수 있어요. 그래서 사람의 양심에 바탕을 둔 규범이 필요해요. 그것이 바로 도덕이고 윤리지요.

현대 사회는 사회 구조가 복잡해지고 과학 기술이 발전하면서 여러 윤리 문제에 부딪칩니다. 환경 보존과 경제 성장의 윤리 문제, 생명 과학 기술 발전에 따른 윤리 문제 등은 전 지구적으로 영향을 끼치고, 더 나아가 미래 세대까지 위협할 수 있어요.

  이 같은 문제들은 전통적인 윤리 규범만으로 해결할 수 없어요. 예를 들어 생명 과학 분야에서 대표적인 윤리 문제로 '생명 복제 기술'을 들 수 있습니다. 쉽게 말해, 어떤 생명체와 유전자가 완전히 똑같은 다른 생명체를 만드는 기술입니다. 영화 〈쥬라기 공원〉(1993)에는 호박* 속에 담긴 공룡 DNA를 추출해서 공룡을 되살리는 장면이 나옵니다. 생명 복제 기술을 통해 나와 유전자가 똑같은 사람을 만들 수도 있습니다. 이러한 문제를 '생명을 존중하라' 같은 전통적인 윤리 규범만으로 풀 수 있을까요?

호박 나무의 진 따위가 굳어서 만들어진 누런색 광물.

윤리는 어떻게 성립할까?

사실 판단, 가치 판단, 도덕 판단

우리는 일상생활에서 다양한 문제 상황을 만납니다. 이때 문제를 윤리적으로 풀어 가기 위해서는 올바른 판단을 내려야 하지요. 이를 윤리적 사고 능력이라고 해요. 말 그대로 윤리적으로 생각하는 능력이지요.

윤리적 사고를 배우기 전에 도덕 판단부터 알아보겠습니다. A, B, C 세 사람이 길을 가는데, 저쪽에서 어른들이 어린이 한 명을 마구 때리는 모습을 보았어요. 세 사람은 서로 다른 판단을 하지요.

A. 어른들이 어린이 한 명을 때리고 있다.

B. 맞고 있는 어린이가 불쌍하다.

C. 어린이를 때리는 것은 그르다.

A의 판단은 사실 판단이에요. 사실 판단은 참과 거짓을 객관적으로 확인할 수 있어요.

B의 판단은 가치 판단이에요. 가치 판단은 좋고 나쁨, 옳고 그름, 아름답고 추함 등 대상의 가치를 평가하는 거예요. 가치관에 따라 사람마다 판단이 달라질 수 있어요.

C의 판단은 도덕 판단입니다. 도덕 판단은 가치 판단 중에서 '옳고 그름'에 관한 판단이에요. 도덕 판단은 보통 '옳다' '그르다' '나쁘다' '해야 한다' 등과 같은 말을 포함해요.

삼단 논법과 도덕 판단

그리스 사회는 소크라테스가 사회를 위협한다고 여겨 그를 감옥에 가둬요. 젊은이들에게 나쁜 생각을 불어넣어 선동한다고 보았지요. 주변 사람들은 사형 집행을 기다리는 소크라테스에게 도망가라고 권유하지만, 소크라테스는 이를 거절하고 죽음을 택해요.

소크라테스는 어떤 사고 과정을 거쳐 죽음을 결정했을까요?

	탈옥을 하느니, 죽는 게 나을까?
도덕 원리(대전제)	국가에 해를 끼치는 행동은 옳지 않다.
사실 판단(소전제)	탈옥은 국가에 해를 끼치는 행동이다.
도덕 판단(결론)	탈옥은 옳지 않다.

이를 '삼단 논법'이라고 부릅니다. 미리 알려진 두 판단(대전제, 소전제)에서 그것들과 다른 하나의 새로운 판단(결론)을 끌어내는 방법이에요. 3단계를 거쳐서 결론에 이르기 때문에 '삼단' 논법이라고 하지요.

	나는 죽을까?
대전제	모든 사람은 언젠가 죽는다.
소전제	나는 사람이다.
결론	나는 언젠가 죽는다.

대부분의 도덕 판단, 윤리 판단은 이와 같은 삼단 논법으로 이루어져요. '소지품 검사를 하면 안 된다'거나 '새치기는 옳지 않다' 같은 도덕 판단은 하늘에서 뚝 떨어진 게 아니에요. 다음과 같은

삼단 논법을 바탕에 깔고 있어요.

	소지품 검사를 해도 될까?
도덕 원리	학생 인권을 침해해서는 안 된다.
사실 판단	소지품 검사는 학생 인권을 침해한다.
도덕 판단	소지품 검사를 해서는 안 된다.

	새치기는 옳을까? 옳지 않을까?
도덕 원리	남에게 피해를 주는 행동은 옳지 않다.
사실 판단	새치기는 남에게 피해를 주는 행위이다.
도덕 판단	새치기는 옳지 않다.

이처럼 도덕 원리와 사실 판단을 근거로 구체적인 행동 지침(도덕 판단)을 끌어내는 과정을 '윤리적 추론(또는 도덕적 추론)'이라고 해요. 추론은 어떠한 판단을 근거 삼아 다른 판단을 끌어내는 거예요. 윤리적 추론은 무엇이 옳은 선택인지, 어떻게 행동해야 옳은지 등에 관해서 도덕 원리와 사실 판단을 근거로 도덕 판단을 내리는 과정이지요.

도덕 판단의 검증

　도덕적 추론 과정을 통해 내린 윤리 판단은 사람마다 다를 수 있어요. 같은 상황에서 서로 다른 도덕 원리로 판단을 내릴 수 있기 때문이죠. 또, 같은 도덕 원리를 바탕으로 하더라도 사실 판단에 따라 결과가 달라질 수 있어요. 즉, 사실 판단이 달라지면 도덕 판단도 달라져요. 예를 들어 정규직과 비정규직의 임금 격차에 대한 도덕 원리는 "동일 노동은 동일 임금을 받아야 마땅하다"가 될 것입니다. 그런데 사실 판단은 "같은 업무를 같은 시간만큼 수행했다면 '동일 노동'이다"와 "같은 업무를 같은 시간만큼 수행했더라도 성과가 다르다면 '동일 노동'이 아니다"로 나뉠 수 있죠. 그에 따라 도덕 판단은 달라집니다.

	그래, 같은 일을 한다면 임금도 같아야 해	아니야, 같은 일을 해도 임금이 다를 수 있어
도덕 원리	동일 노동은 동일 임금을 받아야 마땅하다.	동일 노동은 동일 임금을 받아야 마땅하다.
사실 판단	같은 업무를 같은 시간만큼 했다면 '동일 노동'이다.	같은 업무를 같은 시간만큼 했더라도 성과가 다르다면 '동일 노동'이 아니다.
도덕 판단	같은 업무를 같은 시간만큼 했다면 **동일 임금을 받아야 한다**.	같은 업무를 같은 시간만큼 했더라도 성과가 다르다면 **임금은 다를 수 있다**.

어떤 윤리적 판단을 비판할 때는 첫째, 도덕 원리를 문제 삼거나 둘째, 사실 판단을 문제 삼거나 셋째, 윤리적 추론 과정을 문제 삼을 수 있어요.

잘못된 도덕 판단은 잘못된 도덕 원리나 사실 판단을 근거로 할 때가 많아요. 따라서 도덕 판단이 올바른지 알아보려면 생략된 도덕 원리나 사실 판단을 찾아서 검토해 볼 필요가 있어요. 또, 윤리적 추론 과정에서 문제가 발생해 도덕 판단이 잘못될 수도 있기 때문에 추론 과정도 자세히 살펴야 해요.

"나는 지금 매우 바쁘다. 그래서 새치기해도 된다"라고 생각하는 사람이 있다고 해 보죠. 이 사람의 판단에는 어떤 도덕 원리가 숨어 있을까요? 바로 "바쁜 일이 있다면 새치기해도 된다"입니다. 이를 삼단 논법으로 정리하면 다음과 같아요.

	나는 지금 새치기해도 될까?
도덕 원리	바쁜 일이 있다면 새치기해도 된다.
사실 판단	나는 지금 매우 바쁘다.
도덕 판단	나는 지금 새치기해도 된다.

여기서 "바쁜 일이 있다면 새치기해도 된다"라는 도덕 원리는 그 자체로 문제예요. 도덕 원리는 보편성을 담고 있어야 해요. 즉,

모든 사람에게 적용할 수 있어야 하지요. 다른 사람이 바쁜 일이 있다고 내 앞에 새치기를 해도 될까요? 내가 그 도덕 원리로 인해서 피해를 당하는 당사자 입장이 돼 보면 도덕 원리로서 부족하다는 것을 알 수 있어요.

사회 문제 윤리적으로 바라보기

장애인 이동권 시위, 꼭 출근 시간에 해야 할까?

　전국장애인차별철폐연대(전장연)의 '출근길 지하철 탑니다' 시위를 들어 본 적 있나요? 전장연은 2021년 12월 3일에 처음 시위를 시작해 중단과 재개를 반복하고 있어요. '교통 약자 이동 편의 증진법' 개정안 통과를 촉구하며 여의도역에서 공덕역까지 시위를 진행했지요. 이후 개정안이 통과되고 나서는 정부의 장애인 권리 예산 반영과 이동권 보장 등을 요구하면서 시위를 계속 해 왔어요.

　시위 이름에서 알 수 있듯이, 전장연은 주로 아침 출근 시간대에 지하철에 탑승하는 방식으로 시위를 벌였어요. 전장연 시위는 열 명 내외의 휠체어를 탄 장애인이 지하철에 승차하면서 진행돼요. 이때 열차와 승강장 사이가 넓어 휠체어 바퀴가 빠질 수 있어 역무원이 이동식 발판을 가져올 때까지 기다려요. 지하철에 타서는 휠체어 이용자 탑승을 위한 자리를 만들어 달라고 서울교통공사 직원에게 요청해요. 이로 인해 열차가 지연되어 시민들이 불편을 겪기도 하지요.

전장연 측은 대부분의 교통수단에서 장애인이 불편을 겪는다며 '장애인 이동권 보장'을 핵심적으로 요구하고 있어요. 서울시는 2004년까지 모든 지하철역에 엘리베이터를 설치하기로 한 약속을 20년 가까이 지키지 않고 있어요. 전장연은 이번만큼은 장애인의 이동권을 확실히 보장받겠다고 합니다. 더불어 교육권·노동권·이동권 보장에 필요한 정부 예산을 늘려 달라고 요구합니다.

전장연의 시위를 두고 시민의 반응은 엇갈려요. '지하철이 붐비는 출근 시간대에 자신들의 권익을 주장하는 것은 집단 이기주의'라며 비난하는 의견도 있고, '불편하기는 하지만 오죽하면 이렇게까지 하겠냐'며 이해한다는 의견도 있어요. 후자의 의견은 다른 시민의 불편과 불만은 이해하지만 장애인들에게는 그만큼 생사가 걸린 중요한 문제라는 것입니다.

과연 이 시위가 이동권을 위한 투쟁일까요? 아니면 권리 간의 충돌(장애인의 이동권 vs 비장애인의 이동권)일까요? 핵심 쟁점은 바로 전장연의 시위를 '장애인을 포함한 인간의 기본적 권리를 보장하기 위한 행위'로 볼 것인가, 아니면 '일부러 출퇴근 시간에 지하철을 지연시켜 다수의 이익을 침해하는 행위'로 볼 것인가입니다.

그래, 출근 시간에 할 수밖에 없어

창살 없는 감옥

많은 장애인이 격리된 채 살아가요. 2020년 장애인 실태 조사에 따르면 장애인의 99%(약 262만여 명)는 집에 머물며 살아가는 '재가(在家) 장애인'으로 추정돼요. 그런데 세상의 온갖 턱들 때문에 그들은 쉽사리 밖으로 나오지 못해요. 우리가 사는 세상은 철저하게 비장애인 중심이지요. 장애인에게 세상에 나오는 일은 큰 용기가 필요한 모험이에요.

장애인들은 세상에 나오기 위해 끊임없이 노력했지요. 극단적인 방법까지 써야 세상이 그 노력을 조금이나마 알아줬어요. 전장연의 시위도 그 연장선상에 있지요.

2005년에 제정된 법(교통 약자 이동 편의 증진법)에는 장애인의 '모든' 교통수단을 이용할 권리(이동권)가 나와 있어요. 저상 버스˙를 타 봤을 거예요. 버스 출입문 계단을 오르내리기 불편한 사람을 위해 도입된 버스지요. 2021년 기준, 시내버스에서 저상 버스 비율은 30.6% 정도에 불과합니다. 전동 휠체어를 실을 수 있는 장애인 콜택시는 가장 많다는 서울에서도 일반 택시의 약 1.26%에 불

저상 버스 바닥이 낮아 계단을 오르지 않아도 탑승이 가능한 버스.

과해요. 반면 영국은 일반 택시(블랙캡)에 휠체어가 들어갈 수 있도록 설계하지요.

장애인들이 시위를 통해 요구하는 권리는 무엇일까요? 기본적으로 이동권이에요. 그런데 이동권은 교육권, 노동권, 인간답게 살 권리와 촘촘히 엮여 있어요. 이동할 권리, 공중 시설을 이용할 권리, 학교에 다닐 권리, 일할 권리, 영화를 볼 권리, 남이 아닌 자신이 결정할 권리 등은 아주 기본적인 권리예요. 비장애인이라면 누구나 쉽게 누리는 것들이라 이것도 권리인가 싶지만, 장애인에겐 여전히 멀게 느껴지는 권리지요.

자유롭게 이동할 수 없는데, 학교는 다닐 수 있을까요? 제대로 배우지 못하는데, 일자리는 얻을 수 있을까요? 당연히 자립은 꿈도 꾸기 어렵습니다. 영화 〈어른이 되면〉(2018)의 장혜영 감독은 이렇게 묻습니다. 이것은 불행한 것일까요? 아니면 불평등한 것일까요?

불법도 정당할 수 있어요

법을 지키는 것은 중요해요. 그러나 합법은 언제나 옳을까요? 흑인 인권 운동가 마틴 루서 킹은 "우리는 아돌프 히틀러가 독일에서 했던 모든 일이 '합법적'이었고, 헝가리의 자유 투사들이 했던 모든 일이 '불법적'이었다는 사실을 절대 잊어서는 안 된다"라고 말했어요. 불의한* 사회에서 합법은 오히려 불의를 정당화하는 수단이 되기도 해요. 지하철 운행 방해는 불법일 수 있어요. 그러나 합법적인 방법으로 정당한 요구를 수없이 했는데도 받아들여지지 않는다면 극단적이고 불법적인 방법을 선택할 수밖에 없지 않을까요?

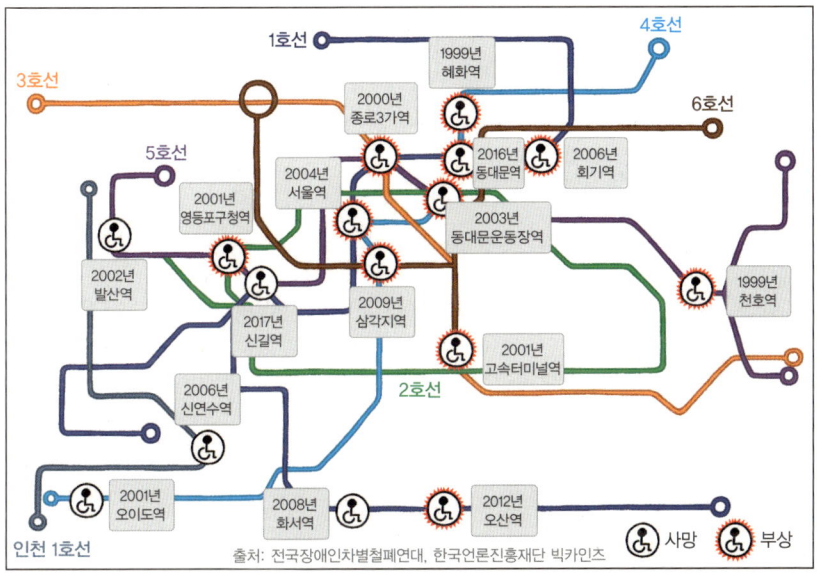

|수도권 지하철 장애인 휠체어 리프트 사고 일지|

위의 자료는 그동안 장애인들이 지하철역에서 당한 사고를 보여 줘요. 사람이 계속 다치고 죽어 나가는데도, 제도와 현실은 변

불의하다 정의, 윤리 따위에 어긋나다.

하지 않아요. 그만큼 장애인들은 절실할 수밖에 없어요. 다수의 승객이 불편을 겪는 것은 사실이에요. 그러나 이는 장애인들이 평생을 겪어 왔던 불편입니다. 장애인들이 평소 일상에서 겪는 불편과 고통은 출근길 시민들이 시위 때문에 잠시 겪는 불편과는 비교할 수도 없어요.

전장연의 시위는 일부러 시민을 불편하게 해요. 그래야 사회가 조금이라도 반응하니까요. 지하철 출근 시위가 아니었다면 비장애인들은 장애인들의 목소리에 귀를 기울이지 않았을 거예요. 오랫동안 장애인들은 감히 사회에 개선을 요구할 생각조차 못 했어요. 그저 불편한 몸을 지닌 자신을 탓하며 집 안에 갇혀 지냈지요.

작은 불편으로 장애인에 대한 생각이 나쁘게 바뀌는 것은 의식의 문제입니다. 조금만 감정을 이입해 보면 장애인들이 겪는 불편에 공감할 수 있어요. 경제적으로 더 잘사는 것에만 관심을 둘 게 아니라, 가장 불편하게 살아가는 사람들의 불편을 덜어 주는 일에 관심을 가져야 해요. 그것이 민주 시민의 자세입니다.

무장애 환경은 모두에게 이로워요

2003년, 장애인들이 이동권 보장을 외치며 철로 점거 시위를 벌였어요. 이들은 지하철 선로에 내려가 몸과 휠체어를 쇠사슬로 감은 후 자물쇠를 채우고 농성을 벌였어요. 경찰은 쇠사슬을 절단

기로 자르고 장애인들을 강제로 데리고 갔지요. 그때도 일부 시민은 장애인들의 시위 방식이 너무 폭력적이라고 비난했어요. 그러나 장애인들이 선로를 점거하기 전까지 장애인의 지하철 이용에 관심을 두는 사람은 별로 없었어요. 이러한 시위가 반복되고 나서야 지하철역 승강기 설치가 본격적으로 이루어졌어요.

이제는 많은 역에 승강기가 설치돼 장애인은 물론이고 노약자, 임산부, 유아차나 자전거를 끄는 사람, 캐리어나 짐수레를 옮기는 사람 등이 이용해요. 장애인 이동권 투쟁으로 설치된 지하철역의 승강기가 많은 사람에게 편리한 이동 수단이 된 거예요. 저상 버스도 휠체어를 타는 장애인을 위해 도입했지만, 고령자, 어린이, 임산부 등 교통 약자에게 두루 이로워요. 장애인을 위해 만든 경사로에는 유아차가 다니고, 자전거가 지나가요. 시설을 새로 설치하려면 당장은 비용이 들어요. 그러나 그 비용은 장애인만을 위

한 것이 아니에요.

장애인들의 요구는 사회 전체에 이로워요. '무장애 환경'은 장애인뿐만 아니라 보행이 불편한 어린이나 노인들도 모두 이용할 수 있어요. 많은 시민이 이용하는 지하철역 승강기부터 저상 버스, 경사로 등은 모두 무장애 환경에 속해요. 자전거나 킥보드를 인도와 차도를 오가며 탈 수 있는 것도 장애인들 덕분이에요. 휠체어 이동을 위해 턱을 없애 달라고 줄기차게 요구해 왔거든요. 약자나 소수자에 대한 배려는 그들을 위한 것이기도 하지만 결국엔 나를 위한 것입니다. 게다가 누구나 장애인이 될 수 있습니다.

아니야, 출근 시간은 피해야 해

시민 피해는 안 돼요

공리주의* 입장에서는 전장연의 시위를 반대할 거예요. 장애인은 사회적으로 소수예요. 이들의 행위로 인해 다수의 시민이 피해를 본다고 여기기 때문에 양적 공리주의 입장에서는 전장연의 행위를 비판할 수밖에 없어요.

> **공리주의**
> 영국의 철학자 제러미 벤담이 주장한 사상으로, '최대 다수의 최대 행복'이라는 도덕 법칙에 따라 행위할 것을 주장해요.

장애인들이 불편을 겪는다는 점은 인정해요. 그렇더라도 자기들의 요구 사항을 이루기 위해 다수에게 피해를 주는 것은 잘못된 방식이에요. 시위는 할 수 있지만 피해를 최소화하기 위해 노력해야 하지요.

좁은 지하철에서 벌이는 시위는 매우 위험해요. 차라리 넓은 데서 자신들의 요구 사항을 주장하는 게 좋지 않을까요?

시민의 발을 볼모로 잡아서도 안 돼요. 자유와 권리를 남용해 타인의 기본권을 침해하는 행위는 어떤 명분을 내세워도 정당화할 수 없어요.

전장연 시위로 실제 피해를 보는 건 일반 시민이에요. 일반 시민은 장애인의 이동권과 아무 관련이 없어요. 왜 정부가 자신들의 요구를 들어줄 때까지 죄 없는 시민에게 피해를 주나요? 정부 정책에 불만이 있으면, 국회나 청와대로 찾아가 호소하면 됩니다.

불법 시위는 잘못이에요

누구나 자기 어려움을 하소연할 자유는 있지만, 합법적이고 평화적이어야 해요. 아무리 옳은 주장도 수단과 방법이 잘못되면 상대를 설득할 수 없어요. 사회에는 규칙과 질서가 있지요. 이는 모두를 위해 모두가 지켜야 할 약속입니다. 전장연의 시위는 기본 약속을 어겼기 때문에 문제예요. 정부와 사회에 요구하고 싶은 게 있다면 정당한 방법으로 정당하게 시위해야 해요. 그래야 그들의 목소리에 힘이 실리지 않을까요?

지하철 운행을 방해하는 시위는 엄연한 불법 시위, 즉 범죄 행위예요. '기차 선박 등의 교통 방해죄'는 1년 이상의 유기 징역을 받을 수 있으며, 이 외에도 업무 방해죄, 재물 손괴죄, 집시법(집회 및 시위에 관한 법률) 위반, 철도 안전법 위반 등이 문제가 될 수 있어요. 시위는 시민이 가진 기본 권리지만, 그 권리를 행사하면서 타인에게 피해를 주면 안 돼요.

전장연은 이동권뿐만 아니라 다른 권리까지 보장하라고 이야기해요. 지하철에서 시위를 하면 이동권만 주장해야지 다른 권리까지 요구하는 것은 지나칩니다. 게다가 장애인들이 요구하는 이동권에 대해서도 생각해 볼 필요가 있어요. 우리 헌법에는 이동권이 분명하게 제시되어 있지 않아요. 대다수 헌법 전문가는 이동권이 행복 추구권과 거주 이전의 자유 등에서 간접적으로 나온다고 하지요. 이동권이 중요하지 않다는 게 아니라, 헌법에 직접 명시되지 않은 권리를 위해 교통을 방해하고 타인에게 피해를 주면 안 된다는 말입니다.

장애인에 대한 인식만 나빠져요

만약 이런 식의 시위 방식이 허용된다면 다른 단체들도 주장할 내용이 있을 때마다 지하철을 점거하지 않을까요? 장애인에게만 예외를 둘 순 없어요. 예외를 인정하는 순간, 또 다른 예외를 허용하라는 요구가 빗발칠 테니까요.

장애인 입장에서 이동권은 중요할 수 있어요. 장애인 이동권이 중요하다면 일반 시민의 이동권도 중요해요. 움직이지 않는 열차 속에서 회사에 늦을까 봐 발을 동동 구르면서 '아, 장애인 이동권 개선이 꼭 필요하구나'라고 생각할 사람이 몇이나 될까요? 실제로 "출근길 시민들은 무슨 죄냐" "시민들이 전장연에 피해 보상 요구해야 할 판" 등 비판의 목소리가 잇따랐어요.

장애인들의 요구 사항과 별개로, 민주 사회에서 다른 시민들에게 피해를 끼치지 않는 시위 방법에 대한 고민도 필요하지 않을까요? 이런 방식으로 시위를 계속한다면 장애인 인권을 보장하는 데 시민 지지를 얻기 어려워요. 2022년 6월, 한국리서치가 실시한 '장애인 이동권 시위에 대한 인식' 조사에 따르면 전장연의 시위로 장애인에 대한 인식 변화가 있었는지에 대해서

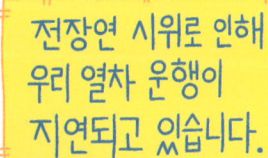

는 35%가 '부정적으로 변했다'고 밝혔어요. 이는 긍정적으로 변했다는 응답보다 높은 수치지요.

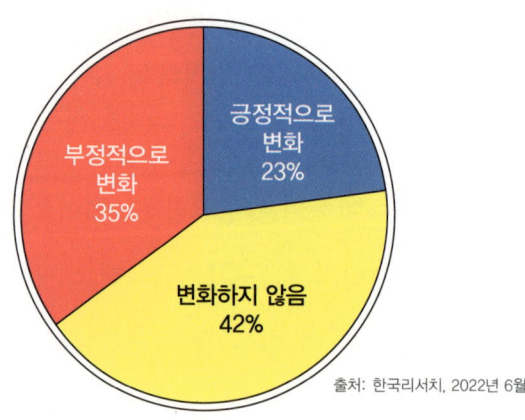

|전장연 시위 전후 장애인에 대한 인식 변화|

쟁점 정리

그래, 출근 시간에 할 수밖에 없어	아니야, 출근 시간은 피해야 해
장애인들이 처한 현실은 열악해요.	시민 다수에게 불편을 주는 시위는 잘못이에요.
불법 시위라고 무조건 잘못은 아니에요.	지하철 운행을 방해하는 시위는 그 자체로 불법이에요.
장애인의 요구로 사회가 바뀌면 모두에게 이로워요.	출근 시간 시위는 오히려 장애인에 대한 부정적 인식만 키워요.

오쌤의 한마디

세상에서 가장 불편한 사람들에게 관심을 가져요

북한은 평양 시내에 장애인이 한 명도 없다고 자랑해요. 이게 자랑거리일까요? 북한이라고 장애인이 없지 않을 텐데 말이에요. 장애인이 없다는 자랑은 국가가 비정상으로 낙인찍은 몸에 가한 폭력을 숨기고 있어요. 우리나라도 다르지 않아요. 노벨문학상 수상자인 작가 스베틀라나 알렉시예비치가 한국을 방문했을 때, 서울 중심가의 카페가 정장을 입은 남자들로 꽉 차 있어 놀라웠다고 말한 적이 있어요. 여성, 특히 나이 든 여성이나 장애인을 거의 볼 수 없는 게 이상하다면서요.

오늘 길에서 장애인을 몇 명이나 봤나요? 길에서뿐만 아니라, 버스나 지하철에서, 학교에서 수없이 많은 사람을 마주치지만, 그중 장애인은 손에 꼽을 거예요. 2020년 기준, 등록 장애인 수는 약 262만 명이에요.

미등록 장애인까지 포함하면 더 많은 장애인이 있을 것으로 추정돼요. 262만 명이면 전체 인구의 5%예요. 대한민국 국민 100명 중 5명꼴이죠. 그런데 오늘 길에서 스쳐 지나간 100명 중 장애인은 5명이 안 돼요. 장애인이 집밖으로 나오지 못하는 것은 분명한 사실입니다.

앞에서 전체 시내버스에서 저상 버스 비율이 30.6%라고 했죠? 30.6%에 불과해도 시내버스는 그나마 이용할 수 있어요. 시외버스와 고속버스에는 저상 버스가 한 대도 없어요. 장애인은 시내 밖으로 돌아다니지 말라는 걸까요? 문제는 분명하고 뚜렷하게 보이는데, 문제를 해결하려는 사회적 노력은 부족합니다. 그러니 장애인들이 길에서, 선로에서, 열차에서 발버둥 치는 게 아닐까요?

장애인의 이동권보다 출근길 시민의 불편을 강조하는 쪽은 다수의 피해를 내세워요. 여기에는 공리주의라는 윤리관이 깔려 있어요. 공리주의는 행위 동기보다 이익과 행복이라는 결과를 강조해요. 그런데 그때의 이익과 행복은 '최대 다수의 최대 행복'이에요. 공리주의는 사회적 이익을 개인적 이익의 총합이라고 봅니다. 개개인의 행복은 사회 전체의 행복과 연결되며, 더 많은 사람이 행복한 것이 좋은 일이라고 여겨요. 이를 더 정확히는 '양적 공리주의'라고 해요. 사회 구성원의 수로 봤을 때 장애인은 소수예요. 전장연 시위의 이익과 비용을 따져 봤을 때,

시위를 통해 얻는 소수의 이익은 적고 다수의 피해(비용)는 크기 때문에 양적 공리주의 입장에서 보자면 전장연의 시위는 잘못이에요.

그러나 양적 공리주의는 한계도 있어요. 사회적 효용을 달성하는 과정에서 소수를 수단으로 삼고 무시할 수 있습니다. 양적 공리주의 입장은 '다수의 이익을 위해서 소수의 자유와 권리를 함부로 침해해선 안 된다'라는 질적 공리주의의 비판을 받을 수 있어요.

'최대 다수의 최대 행복'만이 정답은 아니에요. 가장 고통받는 이들의 고통을 최대로 줄이는 것이 어쩌면 더 윤리적이지 않을까요? '최대 다수의 최대 행복'이 아니라 '최대 고통의 최소화' 말입니다. "세상에서 가장 고통받는 사람이 우주의 중심이다." 노벨 평화상을 받은 유대인 작가 엘리 위젤이 한 말입니다.

예전에 장애인들이 이동권 시위를 하며 한강 대교를 건넌 적이 있어요. 그때 한 장애인이 이런 글을 남겼어요.

"우리는 우리의 신체를 보는 시선이 두려워 오랜 시간을 집 안에 숨어 살았습니다. 집에 손님이 오면 그 손님의 눈을 피해 더 깊은 구석으로 숨었습니다. 그러던 우리가 오늘, 남들의 시선 앞에 그렇게 감추던 우리의 몸을 드러내 놓습니다. 타고 있던 휠체어에서 내려, 부끄러워 감추던 모습을 보아 달라고, 이 불편함을 보아 달라고 한강 대교를 기어서 건너려고 합니다."

자기의 불편에만 관심을 둘 것이 아니라, 세상에서 가장 불편한 사람들이 조금이라도 덜 불편하도록 바꾸는 일에 관심을 가져야 하지 않을까요? 일부 시민은 잠시 불편을 겪지만, 장애인들은 평생을 불편과 불안 속에서 살아갑니다.

같은 일을 하면 임금도 같아야 할까?

2022년, 미국 여자 축구 대표팀은 남자 축구 대표팀과 '동일 임금'을 받게 됐어요. 2016년, 여자 축구 대표팀 선수 몇몇이 남자 대표팀에 비해 성적이 좋은데도 급여, 포상금 등 수당 지급에서 남녀를 차별한다며 연맹을 상대로 소송을 제기한 뒤, 6년 만에 합의를 이끌어 낸 거예요.

이처럼 같은 일을 하면서도 임금을 다르게 받는 사람들이 있어요. 비정규직이 대표적이에요. '정규'를 사전에서 찾아보면 '규정에 맞는 정상적인 상태'라고 나와요. 그렇다면 비정규직은 '정상적인 상태가 아닌 일자리'라고 정의할 수 있어요.

비정규직은 여러 문제를 안고 있어요. 고용 불안, 저임금, 정규직과의 차별 등이 대표적이에요. 비정규직은 계약 기간이 끝날 때마다 주기적으로 실업의 위험에 노출되는데, 이를 '고용 불안'이라고 불러요. 고용 불안은 어쩔 수 없더라도 정규직과의 차별, 특히 임금 차별은 어떻게 봐야 할까요?

지난 20년 사이에 비정규직이 급격히 늘었어요. 1997년, IMF 구제 금융 요청 사태 이후 벌어진 일이에요. 수많은 기업이 도산하고 대량 해고로 많은 실직자가 생겨났죠. 이후 경제가 회복되자 다시 고용이 이루어졌는데, 그때 새로운 일자리는 정규직이 아닌 비정규직으로 채워졌어요. 비정규직 고용이 당연해 보이는 일자리들도 과거에는 정규직이었어요. 가령 대학이나 병원 등에서 청소를 담당하는 노동자들은 대부분 정규직 노동자였어요.

'경제활동인구조사 근로 형태별 부가 조사'에 따르면, 2022년 8월 기준, 전체 임금 노동자 2,172만여 명 가운데 비정규직은 815만여 명에 달했어요. 한국의 비정규직 규모는 OECD 회원국 평균의 두 배가 넘어요. 정규직과 비정규직의 임금 격차도 심해지고 있어요. 비정규직 임금은 정규직의 절반 수준이지요. 2022년, 비정규직의 월 평균(6~8월) 임금은 약 188만 원으로 정규직(348만 원)과 임금 격차가 159만 원에 달했어요. 만약 정규직과 비정규직이 같은 일을 한다면 같은 임금을 줘야 할까요, 그렇지 않을까요?

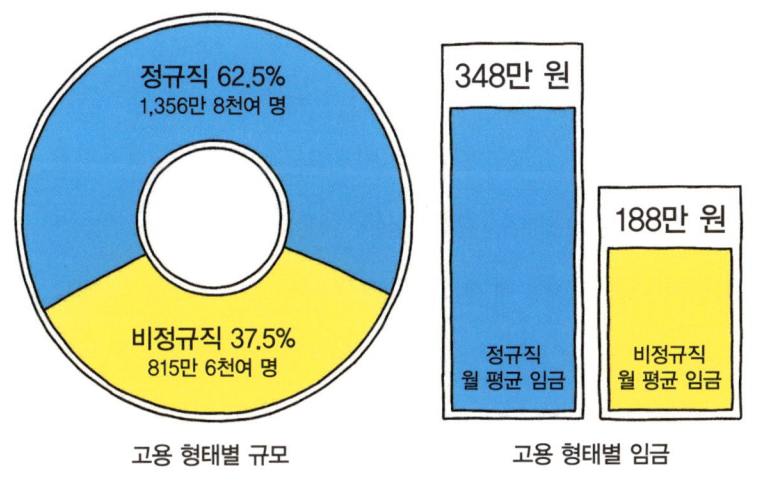

|정규직과 비정규직 노동자 현황|

그래, 같은 일을 하면 임금도 같아야 해

같은 일을 하면 같은 임금을

비정규직은 정규직과 같은 회사에서 일해도 노동 조건이 열악해요. 같은 일을 해도 정규직 임금의 60%도 안 되는 임금을 받지요. 임금 말고도 여러 부분에서 차별을 당해요. 그러다 죽는 경우도 있어요. 건설 현장에서 비정규직 산재 사망률은 정규직의 7배에 달해요. '안전을 위해 2인 1조로 작업한다' 같은 작업 원칙이 제대로 지켜지지 않고, 제대로 된 안전 조치나 안전장치, 보호 장구 없이 일하다가 벌어지는 불상사지요. 오죽하면 '위험의 외주화' '죽음의 외주화'라는 말까지 생겨났을까요?

'동일 가치 노동, 동일 임금' 원칙이 있어요. 가치가 같은 노동을 하는 노동자들은 같은 임금을 받아야 한다는 원칙이지요. 다시 말해 같은 기업 내에서 같은 직무•상의 지위에 있고, 능력, 경력, 실적 등이 같은 경우에 임금을 차별해선 안 된다는 거예요. '동일 가치 노동, 동일 임금'은 국제노동기구(ILO)의 가장 중요한 원칙으로서 ILO 헌장 전문에 나와 있어요. 우리나라 법에도 명시되어 있지요.

'동일 가치 노동, 동일 임금' 원칙은 미국 등에서 남녀 임금 차별을 해소하기 위해 논의되기 시작했어요. 초기에는 '동일 노동, 동일 임금' 원칙으로 출발했어요. 그런데 남녀의 직무가 구분되는

 한 걸음 더!

법에 나온 '동일 가치 노동, 동일 임금'

근로기준법 제6조는 균등 대우 원칙을 규정하고 있어요. 남녀고용평등법 제8조에서도 '동일 가치 노동, 동일 임금' 원칙 등이 명시되어 있지요. 이들 법률은 헌법 제11조 제1항 "모든 국민은 법 앞에서 평등하다. 누구든지 성별·종교 또는 사회적 신분에 의하여 정치적·경제적·사회적·문화적 생활의 모든 영역에 있어서 차별을 받지 아니한다"라는 평등 원칙을 노동자와 회사 사이에서 실질적으로 실현하기 위한 것입니다.

당시 현실에서 '동일 노동, 동일 임금'을 실현하기에는 한계가 있었어요. 그래서 조금 더 진전된 '유사 노동, 동일 임금' 원칙을 거쳐 직무가 다르더라도 동일 가치 노동의 경우에는 동일 임금을 지급해야 한다는 '동일 가치 노동, 동일 임금' 원칙이 정립됐어요.

차별은 안 돼요

입사 시험을 통과한 정규직과 그렇지 않은 비정규직. 사람들은 시험이라는 과정을 거치지 않으면 노동권을 제한해도 되는 양 여겨요. 시험 합격으로 특정 능력이 확인된 경우에만 권리를 부여하는 것이 옳다고 보는 것이 '능력주의 공정성'이에요. 이러한 관점은 시험에 의한 차별과 권리 제한을 정당하게 여겨요. 한국은 어떤 대학을 나왔는지가 어떤 직장을 얻느냐로 직결되는 사회예요. 한국의 입시 제도를 겪은 사람들은 경쟁에서 이긴 자만이 살아남는 '승자 독식의 서열 구조'에 매우 익숙해요.

시험을 거쳐야만 정규직이 되는 게 당연할까요? 사실 이런 현실은 얼마 되지 않았어요. 예전에는 "능력이 없으니 비정규직이 되는 건 당연해" 같은 말이 나오기 어려웠어요. 비정규직이 많아지기 전까진 학력이나 시험 제도와 상관없이 청소 노동자든, 사

직무 직책이나 직업에서 책임지고 담당하는 임무.

무직 노동자든 누구나 정규직으로 일했어요. 그러다 각국 정부가 기존 복지와 공공성을 줄이는 동시에 도덕적 해이*를 운운하며 개인의 권리를 제한하고 책임을 강조하기

> **도덕적 해이**
>
> 법과 제도적 허점을 이용하여 자기 책임을 소홀히 하는 일을 가리키는 말이에요. 집단 이기주의를 나타낼 때도 쓰이지요.

시작했어요. 이를 '신자유주의'라고 부르지요. 그때부터 능력이나 자격에 따라 권리를 보장할 만한 사람과 그렇지 않은 사람이 나뉘었어요. 시험에 합격한 사람만이 정규직이 되는 현실은 그 연장선에 있어요.

정규직이 되려고 입사 시험을 열심히 준비한 사람 입장에서는 비정규직 노동자와 똑같은 대우를 받는다면 오히려 역차별이라고 느낄 수 있어요. 인권이 모든 사람이 누려야 하는 보편적 권리라

고 할 때, 똑같은 일을 해도 시험 통과자에게 더 많은 임금을 주는 것은 인권을 특권화시킨다는 점에서 인권의 시계를 거꾸로 되돌리는 일이에요. 일정 부분 대우를 달리할 수 있지만, 차별 대우는 임금이 아니라 승진, 정년 등 특정 영역으로 제한할 필요가 있어요.

더 나아가 열심히 노력한 사람이 좋은 결과를 얻는다는 생각은 착각 아닐까요? 현실은 개인의 노력만으로 좋은 대학과 직장에 갈 수 없어요. 2022년 서울대 정시 합격생 중 22.1%가 강남 3구 출신이라는 통계가 말해 주듯, 경제력이나 정보력(입시 정보) 등 불평등한 조건이 불평등한 결과를 낳고 있어요. 게다가 채용 과정에서 벌어지는 성차별 등은 개인의 노력이나 능력만으로 극복하기 어려워요. 시험이라는 형식적인 기회의 평등은 어쩌면 현실의 불평등과 불공정을 감추는 도구로 작용하는지도 모릅니다.

아니야, 같은 일을 해도 임금이 다를 수 있어

동일 노동은 없어요

'동일 노동, 동일 임금'은 같은 시간을 일하면 같은 임금을 받는다는 거예요. 같은 노동을 했으니 같은 임금을 받아야 한다는 건 맞는 말 같지만, 깊이 생각하면 꼭 그렇지도 않아요. 현실에선 투입량이 아니라 산출량에 따라 보상이 이루어지잖아요. 공부량이나 학습 시간이 아니라 성적에 따라 우등상을 주지요. 열심히 노력했다고 모두에게 같은 보상을 해 준다면 사회를 떠받치는 성과 평가 체계가 무너질 거예요.

미국 여자 축구 대표팀 선수들은 차별당한 것일까요? 이들이 프로 선수로서 받는 연봉이 차이가 난다면 대표팀에서 받는 보상도 다를 수밖에 없어요. 게다가 2018년 남자 월드컵의 수익은

60억 달러, 2019년 여자 월드컵의 수익은 1억 1,300만 달러였어요. 수익이 다르면 보상도 달라야 하지 않을까요?

똑같은 논리를 학교에 적용하면, 같은 시간 동안 책상에 앉아 있었다고 같은 성적을 줘야 할까요? 초·중·고교 과정을 똑같이 마쳤다고 같은 대학에 가야 할까요? 삽질을 똑같이 10시간 해도 젊은이와 노인이 파낸 흙의 양은 같지 않아요. 공부 시간이든 노동 시간이든 들인 시간이 같아도 생산성과 생산량은 사람마다 달라요. 그런데 책상에 앉아 있는 시간만으로, 삽질을 한 시간만으로 똑같이 보상해 준다면 공정할까요?

동일한 노동이 있다면 동일 임금이 가능해요. 그런데 세상에 동일 노동 따윈 없어요. 동일 노동 시간이나 동일 직무나 동일 직급은 있지만 동일 노동은 없어요. 노동은 질과 양, 난이도, 숙련도 등에 따라 차이가 나기 마련이에요. 노동의 결과인 성과는 더더욱 다를 수밖에 없어요. 같은 시간, 같은 노동을 했더라도 창출하는 부가 가치는 크게 차이가 나요. 그러니 보상의 공평성을 추구한다면 '동일 노동, 동일 임금'보다 '동일 성과, 동일 임금'을 이야기하는 것이 더 옳을 거예요.

합리적 차별도 있어요

왜 누구는 시간당 수십, 수백만 원을 벌고 누구는 만 원도 못 벌까요? 임금 차이는 왜 발생할까요? 노동의 가격은 노동자가 아니라 소비자가 정해요. 노동의 소비자는 노동자를 고용한 사람이에요. 고용주가 업무 능력이 뛰어난 직원에게 백만 원을 줘도 아깝지 않으면 백만 원을 주는 거고, 만 원도 비싸다고 생각하면 9,000원을 주는 거예요. 남자 축구와 여자 축구 중 더 인기 있는 경기는 무엇일까요? 관중이 어느 경기에 기꺼이 입장권을 사고, 채널 사용료를 낼까요?

우리 현실을 볼까요? 똑같은 정규직도 같은 일을 한다고 해서 같은 임금을 받지 않아요. 근속 연수, 학력, 나이 등에 따라 임금이 차이 나요. 이를 '연공서열식 임금 체계'라고 해요. 연공서열식 임금 체계는 '동일 노동, 동일 임금' 원칙과 부합하지 않아요. '동일 노동, 동일 임금'을 주장하려면 연공서열식 임금 체계부터 바꾸자고 해야 하지 않을까요?

차별은 본질적으로 평등과 밀접한 관련이 있는 복잡한 개념이에요. 그러므로 평등의 개념을 오해하면 불필요한 논쟁으로 이어질 수 있어요. 헌법상 보장되는 평등 원칙은 모든 차별적 대우를 부정하는 절대적 평등 개념이 아니에요. 합리적 근거 없이 차별해서는 안 된다는 상대적 평등·실질적 평등을 뜻해요. 다시 말해,

합리적 이유가 있다면 차별이 허용돼요. 입시 성적에 따라 대학 입학을 결정하고, 입사 성적에 따라 정규직과 비정규직을 나누는 것은 합리적 기준이에요.

정규직 노동자와 비정규직 노동자 사이에는 여러 차이가 존재해요. 같은 일을 하지만 입사 방식이 달라요. 결정적으로 정규직은 추후 승진에 따라 관리자 후보가 돼요. 정규직과 비정규직이 업무와 직장에 임하는 자세와 책임이 다를 수밖에 없겠죠. 이에 비추어 겉보기에 비슷한 업무를 수행하는 비정규직이라 해도 모든 측면에서 정규직과 똑같은 대우를 받기는 어렵지 않을까요?

쟁점 정리

그래, 같은 일을 한다면 임금도 같아야 해	아니야, 같은 일을 해도 임금이 다를 수 있어
동일 노동에는 동일 임금을 주어야 마땅하며, 법에도 나와 있어요.	동일 노동은 있을 수 없어요.
정규직과 비정규직의 임금 차별은 합리적이지 않아요.	합리적인 이유가 있다면 차별은 허용돼요.

오쌤의 한마디

비정규직은 정규직의 적이 아니에요

	같은 일을 한다면 임금도 같아야 한다	같은 일을 해도 임금이 다를 수 있다
도덕 원리	동일 노동은 동일 임금을 받아야 마땅하다.	동일 노동은 동일 임금을 받아야 마땅하다.
사실 판단	같은 업무를 같은 시간만큼 수행했다면 '동일 노동'이다.	같은 업무를 같은 시간만큼 수행했더라도 노동의 성과가 다르다면 '동일 노동'이 아니다.
도덕 판단	동일 노동을 했다면 동일 임금을 받아야 한다.	동일 노동을 했더라도 노동의 성과가 다르면 임금이 다를 수 있다.

두 입장은 '동일 노동, 동일 임금'이라는 도덕 원리를 바탕에 두고 있지만, 사실 판단에서 차이를 보여요. 같은 업무를 같은 시간만큼 수행하는 것을 동일 노동으로 볼지, 그렇지 않을지 판단이 달라요.

'동일 노동, 동일 임금'은 매우 중요한 가치예요. 그런데 이 원칙을 현실에서 완벽하게 지키기란 매우 어려워요. 같은 일을 하더라도, 같은 회사에 다니지 않으면 어떻게 같은 임금을 줄 수 있겠어요? 회사마다 임금이 다르잖아요. 모든 사람이 완벽히 평등하게 대접받는 사회가 아니라면 '동일 노동, 동일 임금' 원칙을 그대로 실현하긴 어려워요. 결국 현실에선 일정 부분 타협할 수밖에 없어요.

'동일 노동, 동일 임금' 원칙을 완벽히 실현할 수 없다면 이 원칙을 버려야 할까요? 그건 아니에요. 같은 직장 내에서는 이 원칙을 지켜야겠지요. 한 직장 내에서 남성과 여성, 정규직과 비정규직 간에는 '동일 노동, 동일 임금' 원칙을 적용할 수 있어요. 현실적 어려움이 있더라도 '동일 노동, 동일 임금' 원칙을 지키기 위해서 노력해야 해요.

'완벽하게 동일한 노동은 없다'는 주장은 일견 맞는 말 같아요. 그런 입장에서는 단순히 노동량이나 노동 시간이 아니라 '노동의 질', 즉 성과에 따라 보상해야 한다고 주장하죠. 그런데 정규직과 비정규직의 임금을 가르는 결정적인 이유인 입사 시험의 합격 여부는 성과가 아니에요. 시험 합격 여부, 시험 성적 등은 직무 성과, 직무 수행 능력 등과는 직접 관련이 없어요. 그러나 현실에서 입사 시험 합격 여부에 따른 차별 대우는 매우 심각하지요.

더 나아가, 성과 자체에 대해서도 근본적인 고민이 필요해요. 성과를 어떻게 측정할 것인가는 늘 문제예요. 물건을 파는 점원은 성과 측정이 쉬워요. 팔린 물건 수를 성과로 보면 되니까요. 그런데 사무직 노동자, 학교 교사 등은 어떻게 성과를 측정할까요? 교사의 경우에 학생의 성적 향상이 성과일까요, 학생이 한 수업 평가가 성과일까요?

어떤 분야에서는 능력과 성과를 정확히 측정할 수 있는 장치가 매우 드물어요. 인지 능력을 평가하는 지필 시험 성적과 실제 작업 성과가 차이 나는 사례도 자주 목격합니다. 이런 이유로 능력이나 성과가 아니라 노동 시간을 기준으로 삼기도 해요.

성과를 내세우는 이들은 '공정'을 중시합니다. 그들은 성과를 칼같이 계산하는 것이 가장 공정하다고 믿어요. 만약 이들이 정말로 공정의 가치를 중시한다면, 비정규직 노동자가 정규직 노동자보다 더 많은 임금을 받아야 한다고 주장해야 하지 않을까요? 비정규직 노동자는 정규직 노동자와 같은 일을 하면서 '고용 불안'이라는 위험까지 감수하고 있으니까요. 공정을 '칼같이' 적용한다면 같은 일을 하고도 고용 불안을 감수하는 비정규직 노동자에게 더 많은 혜택을 제공하는 게 맞아요.

비정규직이 정규직의 적은 아니에요. 임금을 비롯한 노동 조건에서 당장은 정규직과 비정규직의 이해가 맞서는 경우가 있지만, 길게 보면 비정규직이 많아질수록 정규직의 노동 조건을 떨어뜨릴 수 있어요. 노동

조합에 속하지 않은 비정규직이 많아지면 파업을 벌여도 사측이 받을 타격은 크지 않아요. 파업의 목적은 노동자들이 회사 측에 압력을 가해 요구 사항을 이뤄 내는 것입니다. 그러나 파업을 해도 일에 지장이 없으면 파업의 위력은 떨어져요. 실제로 제조업 생산 현장에서는 이런 현상이 나타나고 있어요. 그래서 일부 노동조합에서는 정규직뿐 아니라 사내 하청 비정규직이나 계약직 노동자 등을 조합원으로 가입시켜요. 비정규직을 배제하고 정규직의 이익만 보호하기란 현실상 쉽지 않아 보입니다.

차별을 바로잡기 위한 조치는 차별이 아닐까?

미국은 다양한 인종이 모여 살다 보니 인종 차별이 심심치 않게 벌어져요. 그래서 사회적 약자를 위한 '적극적 조치(affirmative action)'라는 제도를 시행해요. 흑인, 히스패닉 등 사회적 소수자에게 대학 입학이나 취업 등에서 혜택을 주는 제도지요. 예를 들면 대학교 입학 때 소수 인종에게 가산점을 주거나 정원의 일정 비율을 배정하는 식이에요. 미국과 스웨덴 등은 정치·경제·사회·교육 분야에서 채용이나 승진을 결정할 때 여성에게 일정 비율을 할당하는 '여성 할당제'를 시행하고 있어요.

우리나라에도 여성 할당제, 새터민과 장애인의 의무 고용, 농어촌 특별 전형, 국가 유공자 가산점제 등의 제도가 있어요. 여성

할당제는 공무원을 뽑거나(여성 고용 할당제), 국회 의원 후보 선출 시(여성 공천 할당제) 여성을 일정 비율 이상 포함하도록 법으로 규정하는 제도예요. 여성 공천 할당제는 여성의 정치적 대표성을 확대하려는 조치지요. 실제 성비는 남녀가 반반이지만, 국회 의원 수는 남성이 압도적으로 많다 보니 여성의 의견이 정치에 충분히 반영되지 못하는 현실을 바꾸기 위한 제도입니다.

이런 소수자 배려 정책이 왜 필요할까요? 소수자가 처한 열악한 현실 때문이에요. 아직 우리 사회에는 대놓고 하는 차별뿐만 아니라 보이지 않는 차별과 편견이 여전해요. 여성을 예로 들어 보죠. 민폐 운전을 하는 여성을 비하하는 말로 '김 여사'가 있어요. 한국에서 가장 흔한 성인 '김'에 결혼한 여성을 이르는 말인

'여사'를 붙인 말이에요. 여성 운전자의 사고를 다룬 기사에는 어김없이 '김 여사' 같은 표현이 붙습니다. 여성이 운전을 못한다는 편견 때문이지요.

'유리 천장'이라는 용어가 있어요. 눈에 보이지 않지만 넘어서지 못하는 장벽을 뜻하는 은유적 표현이에요. 주로 여성이 충분한 능력을 갖추고 있음에도 조직 내의 관행과 문화 탓에 어떤 단계 이상으로 승진하지 못하는 상황을 나타내지요.

영국의 시사 주간지인 〈이코노미스트〉가 발표한 2019년 유리 천장 지수에서 우리나라는 경제협력개발기구(OECD) 회원국 가운데 최하위를 기록했어요. 관리자와 기업 이사에서 여성이 차지하는 비율 역시 OECD 국가 중 꼴찌였어요. 2021년 OECD가 발표한 자료에 따르면 남성과 여성의 임금 격차도 31.1%로 가장 컸지요. 남녀 노동자의 임금 격차는 1996년 OECD 가입 이후 한국이 줄곧 1위를 지키고 있고요.

이런 문제를 어떻게 해결해야 할까요? 어떻게 해야 여성이 자기 능력을 자유롭게 발휘하고, 자기 역할에 따른 대우를 남성과 동등하게 받을 수 있을까요? 한쪽에서는 양성평등을 위해서 여성 할당제 등의 정책을 유지해야 한다고 주장하고, 반대쪽에서는 여성 할당제가 오히려 남성 차별을 부른다고 주장해요. 미국 사회에서는 인종 차별이 심각해요. '적극적 조치'도 소수 인종에 집중

돼 있죠. 반면에 우리나라에서는 인종 차별보다 성차별이 더 심각해요. 다양한 차별 중에 가장 대표적인 성차별을 중심으로 '차별 시정 조치'에 대해서 살펴보도록 하죠.

그래, 차별 시정 조치는 차별이 아니야

차별, 심각해요

2015년, ○○은행은 서류 전형에서 남성 지원자의 점수를 높여서 합격시키고 여성 지원자의 점수를 낮춰서 떨어뜨렸어요. 점수 조작으로 합격한 남성은 113명, 탈락한 여성은 112명에 달했어요. △△은행은 2013~2016년 동안 최종 합격자의 남녀 성비를 4:1로

유지해 왔어요. 이에 따라 합격해야 할 619명의 여성이 떨어졌지요. □□은행 역시 2013~2016년 직원의 남녀 성비를 3:1로 조정해 왔습니다. 이는 빙산의 일각이에요. 남성을 우대하는 기업의 관행은 여전해요. 2019년 기준, 100대 기업 중에서 남성 비율이 90% 이상인 기업은 17곳에 달했습니다.

일부 남성은 공무원이나 교사 합격 성비를 근거로 들며 '성차별은 없다'라고 주장해요. 특히 초등학교 교사 중 여성 비율이 압도적이라면서요. 하지만 이는 성차별이 없다는 증거가 아니라 성차별이 있다는 증거 아닐까요? 왜 여성들은 공무원, 교사 등의 직종으로 몰릴까요? 승진이나 정년 보장에서 차별이 적고, 결혼이나 출산 등으로 일을 그만두지 않아도 돼서 아닐까요?

양성이 평등하다고 말하는 사람들은 양성평등을 보장하는 법을 근거로 제시해요. 그들은 오히려 여성들에게만 유리한 법도 많다고 말해요. 그러나 법에서 말하는 권리가 실제 사회에서는 제대로 보장되지 않는 경우가 많아요. 예를 들어 육아를 위해 일정 기간 일을 쉬었다가 다시 일터로 돌아올 수 있도록 하는 육아 휴직은 법으로 보장돼 있어요. 그러나 현실에서는 모두가 육아 휴직을 사용할 수 있지는 않아요. 육아 휴직을 자유롭게 사용할 수 없는 직장 분위기 탓입니다. 결국 스스로 직장을 그만둘 수밖에 없지요. 이는 경력에 영향을 줘 재취업을 어렵게 만듭니다. 이른

바 '경력 단절'입니다.

차별 시정 조치가 필요해요

'유리 천장'도 빼놓을 수 없는 장애물입니다. 유리로 만든 천장처럼 눈에는 보이지 않지만, 더 높은 위치로 올라가지 못하도록 막는 장벽이에요. 많은 여성이 눈에 보이지 않는 유리 천장에 가로막혀 있어요. 남녀 비율이 반반인데, 국회 의원이나 기업 임원 등 높은 자리는 남성이 많이 차지하고 있어요. 2020년 치러진 제21대 국회 의원 선거에서 여성 의원 비율은 19%였어요. 양성 평등이 실현된 북유럽 국가들의 여성 의원 비율이 40~50%인 점과 비교하면 차이가 크죠. 2021년, 100대 기업 여성 임원 비율은 4.8%에 불과했어요. 유리 천장은 엄연히 존재합니다.

남녀 임금 격차도 커요. OECD 국가 중 가장 높은 수준이지요. 2021년, 우리나라의 남녀 임금 격차는 31.1%로 OECD 회원국 중 가장 큰 것으로 나타났어요. 이스라엘(24.3%), 일본(22.1%), 라트비아(19.8%), 에스토니아(19.6%) 등이 그 뒤를 이었어요. 한국은 OECD에 가입한 첫해인 1996년부터 2022년까지 26년째 1위를 놓치지 않고 있어요. 무려 26년째 말이에요. 여성 할당제 같은 제도가 필요한 이유입니다.

차별 시정 제도가 역차별을 부르고 인재를 효율적으로 쓰지 못하게 한다는 의견이 있어요. 그러나 분야별 여성 비율, 남녀 임금 격차 등에서 확인할 수 있듯이 이미 남성 중심으로 짜인 사회 구조에서 여성이 온갖 장애물과 고정 관념을 이겨 내고 자기 힘만으로 불평등한 현실을 뛰어넘기란 어려워요. 양성이 평등한 사회로 나아가려면 어느 정도의 역차별은 불가피하지 않을까요? 일부 차별적인 요소가 있더라도 정의 실현을 위한 역차별은 정당합니다.

기회균등은 끝이 아니라 시작이에요

교육 기회가 똑같이 주어진다는 점을 들어 한국 사회가 양성이 평등하다고 주장하는 사람들이 있어요. 이미 남성에게 유리한 사회에서 동등한 기회를 준다 한들 남녀가 평등해질 수 있을까요? 남성이 유리한 위치를 차지하고 있는 사회 구조상 교육 기회균등이 실제 평등으로 이어지지는 않습니다. "수년간 양발에 쇠고랑을 차고 있던 이를 풀어 주고 출발선에 데리고 가서 '당신은 이제 다른 모든 사람과 자유롭게 경쟁할 수 있고, 이것은 공정한 것입니다'라고 할 수 없다." 린든 존슨 전 미국 대통령이 한 말이지요.

'기회의 평등'은 모든 사람에게 똑같은 기회를 주고 개인의 노력과 능력에 따라 차별적으로 보상하는 것이 원칙이에요. 개인이 얻은 결과는 능력과 노력의 대가라고 생각하죠. 따라서 개인이 처한 환경적 요인을 고려하지 않아요. 평등에는 '기회의 평등'

만 있는 게 아닙니다. '조건의 평등'도 있어요. 예를 들어 다리 하나가 없는 사람과 두 다리가 멀쩡한 사람이 달리기 경주를 한다고 해 보죠. '기회의 평등' 관점에서는 그저 똑같은 출발선에서 출발하면 그만이라고 여겨요. 반면에 '조건의 평등'을 강조하는 입장에서는 두 사람의 조건을 똑같이 만들어 줘야 한다고 생각하죠. 두 다리가 멀쩡한 사람 역시 한 발을 들고 한 발로만 뛰어야 합니다. 자유 경쟁을 시키되, 똑같은 조건에서 능력과 노력에 따라 달리 보상해야 한다는 관점이죠. '조건의 평등'은 '기회의 평등'을 보완할 수 있습니다.

높은 지위는 왜 남성들이 독차지할까요? 남성은 왜 여성보다 임금을 더 받을까요? 여성의 능력이 부족해서가 아니에요. 사회 구조가 이미 남성 중심인 탓이에요. 기회균등만으로는 양성평등을 이루기 어려운 이유죠. 기회균등을 보장해도 불이익을 받아 온 개인이나 집단은 그동안 받은 차별로 인해 능력이나 실력을 충분히 발휘하지 못할 수 있어요. 형식적인 기회균등만으로는 공정한 경쟁을 펼치기 어려워요. 어쩔 수 없이 조건의 평등을 고려하지 않을 수 없습니다. 차별을 시정하는 '적극적인 조치'가 필요합니다.

아니야, 차별 시정 조치도 차별일 수 있어

차별은 심각하지 않아요

물론 차별은 있어요. 그러나 차별을 시정하기 위해 또 다른 차별을 불러일으키는 조치를 취할 만큼 심각하진 않아요. 예를 들어 양성평등을 보죠. 참정권을 비롯한 국민의 기본권은 남녀를 차별하지 않아요. 또 현실에서 벌어지는 성차별을 막기 위한 남녀고용평등법, 양성평등기본법 등 양성평등을 보장하는 다양한 법이 마련돼 있어요. 게다가 정부 부처에 '여성가족부'도 있어요.

지난 2012년, 어느 도시에서 여성 전용 도서관을 만들려고 하자 국가인권위원회에서 이는 남성 차별이라는 의견을 냈어요. 여성과 남성이 평등하기 위해서는 여성 전용 시설이나 여성 할당제 같은 제도는 없어져야 해요. 이러한 제도나 시설이 있어서 오히려 여성은 약한 존재, 무능한 존재라는 인식만 강화되는 게 아닐까요?

지금까지 여성이 오랫동안 차별받은 것은 사실이에요. 그러나 지금은 그렇지 않아요. 남성이 설 자리까지 빼앗으면서 여성의 권리만을 주장하는 것은 옳지 않아요. 남녀 차별이 여전히 심각하다고 해 봅시다. 그런데 지금 임용 시험에 응시한 수험생들이 그

 한 걸음 더!

남녀고용평등법과 양성평등기본법

남녀고용평등법은 고용에 있어서 남녀의 평등한 기회와 대우를 보장하기 위해 만들어진 법이에요. 임금, 노동자 교육 등에서 남녀가 평등해야 함을 명확히 규정하고 있지요. 2007년 남녀고용평등과 일·가정 양립 지원에 관한 법률로 명칭이 바뀌었어요. 양성평등기본법은 정치·경제·사회·문화 등 사회 전 분야에 걸쳐 여성과 남성에게 동등한 권리와 책임, 참여 기회를 보장하는 법이에요. 이 법에는 출산·육아 등 자녀 양육에 관해 모성뿐 아니라 부성의 권리를 보장해야 하며, 여성뿐만 아니라 남성의 일·가정 양립을 위한 여건도 마련해야 한다는 내용이 담겨 있어요.

러한 차별을 만들었나요? 차별은 기성세대*가 만든 제도와 문화의 결과입니다. 왜 현세대가 그러한 문제를 책임져야 하나요? 현세대는 차별의 가해자가 아닙니다.

차별 시정 조치는 사회 통합을 방해해요

사회적·법률적으로 양성평등이 보장된 상황에서 여성에게만 더 많은 기회를 주는 게 옳을까요? 결국 누군가는 피해를 보게 돼요. 예를 들어 어느 회사에서 직원을 뽑을 때 양성의 비율을 정확히 반반으로 한다고 해 보죠. 얼핏 생각하면 좋을 것 같지만, 그렇게 직원을 뽑으면 더 능력 있는 누군가가 피해를 봐요. 초등학교 교사는 여성 비율이 더 높아요. 임용 시험에서 여성들의 성적이 더 좋은 결과입니다. 그런데 여성 교사가 너무 많으니까 남녀 비율을 5:5로 맞춘다고 해 볼까요? 이러면 성적이 더 좋은 여성이 떨어지는 현상이 발생해요. 과연 이게 합리적일까요?

이러한 차별을 '역차별'이라고 해요. 부당한 차별을 받는 쪽을 보호하려다 오히려 반대쪽을 차별하게 되는 거죠. 여성들은 여성 비율이 높은 집단은 당연시하고, 자신들 비율이 낮은 집단에는 여성 할당제를 요구합니다. 이것은 남성들에게 심각한 역차별이

기성세대 현재 사회를 이끌어 가는 나이가 든 세대.

될 수 있습니다. 좀 전에 현세대는 차별의 가해자가 아니라고 했죠? 젊은 남성은 젊은 여성과 경쟁하는 관계예요. 그런데 젊은 남성이 하지도 않은 차별 때문에 오히려 역차별을 당한다면 이는 결코 정의롭지 않아요.

개인의 능력과 무관하게 성별이나 인종 같은 기준으로 고용을 결정할 경우 직무에 가장 적합한 사람을 선택하기 어려워요. 자질이나 자격이 부족한 사람을 선택할 수도 있지요. 이것이 사회에 이로울까요? 게다가 이런 제도로 불이익을 당하는 사람들이 점점 늘어나면 어떻게 될까요? 사회에 대한 반감만 커질 거예요. 자기 능력이 부족해서 입학이나 입사, 승진 등이 안 되면 자신의 부족함을 탓하면 되지만, 제도적으로 차별당하면 사회에 불만을 품을 수밖에 없어요. 결국 역차별은 사회 통합에 방해가 될 뿐입니다.

기회균등이 중요해요

2014년에 최연소로 노벨 평화상을 수상한 말랄라 유사프자이는 블로그에 "나는 교육받을 권리, 노래할 권리, 시장에 갈 권리, 하고 싶은 말을 할 권리가 있다"라고 썼어요. 이후 다큐멘터리에 출연해 여성의 권리를 주장하다 총격을 받았고 구사일생으로 살아남았어요. 이후 말랄라는 여성의 교육받을 권리에 대한 운동을 이어 가고 있지요.

교육받을 권리는 기본적 권리예요. 평등한 사회를 이루는 데 매우 중요한 권리지요. 우리나라 여성의 중등학교 취학률은 95%를 넘습니다. 남성과 비슷하죠. 대학 진학률은 더 놀라워요. 2008년까지는 남학생이 높았는데, 2009년부터 역전되기 시작했어요. 2021년 일반계 고교 대학 진학률은 남학생이 76.8%, 여학생이 81.6%로 여학생이 남학생보다 높은 것으로 나타났지요.

결과는 실력이나 노력에 비례하고, 그 결과는 개인의 책임이라고 생각하는 태도를 '형식적 공정'의 관점이라고 합니다. 형식적 공정은 '기회의 평등'을 중시해요. 기회가 평등하면 결과는 각자 책임지면 된다고 생각하죠.

사회는 경쟁의 연속이에요. 경쟁은 반드시 공정해야 해요. 공정한 경쟁의 밑바탕은 어떤 규제나 간섭 없이 모두에게 기회를 똑같이 주는 거예요. 그런데 차별을 없애기 위해 누군가를 우대하는 제도는 기회를 똑같이 주는 게 아닙니다.

여성 할당제는 남녀에게 동등한 기회를 주는 것만으로는 부족하니, 여성에게 일정한 비율로 기회를 보장해서 평등한 사회를 만들려는 제도예요. 입사 시험이나 승진, 국회 의원 선출 등에서 반드시 여성을 일정 비율 이상 포함하도록 하죠. 이런 제도 탓에 남녀는 동등하게 경쟁하지 못해요. 이는 오히려 여성의 경쟁력을 떨어뜨리지 않을까요? 대학 입학, 취업, 승진 등에서 여성이라는 이유만으로 유리한 위치를 차지할 수 있다면 굳이 최선을 다할 필요가 없을 거예요. 더구나 어떤 제도의 혜택을 받아 거둔 성공을 사람들이 제대로 인정할까요?

쟁점 정리

그래, 차별 시정 조치는 차별이 아니야	아니야, 차별 시정 조치도 차별일 수 있어
차별 시정 조치가 필요할 만큼 차별은 심각해요.	차별 시정 조치가 필요할 만큼 차별은 심각하지 않아요.
차별을 없애기 위해서는 차별 시정 조치가 꼭 필요해요.	차별 시정 조치는 차별을 없앤다는 명분으로 억울한 피해자를 만들어요.
기회균등은 최소한의 조건일 뿐이에요.	기회균등만 철저히 보장하면 돼요.

출발선이 같다고
다 공정할까요?

오쌤의 한마디

	차별 시정 조치가 필요하다 (차별 시정 조치는 차별이 아니다)	차별 시정 조치는 필요하지 않다 (차별 시정 조치도 차별일 수 있다)
도덕 원리	부당한 차별을 바로잡기 위해서 적극적으로 노력해야 한다.	부당한 차별을 바로잡기 위해서 적극적으로 노력해야 한다.
사실 판단	여성이라는 이유만으로 차별받는 경우가 많다.	여성이라는 이유만으로 차별받는 경우가 적다.
도덕 판단	성차별은 적극적으로 바로잡아야 한다.	성차별을 적극적으로 시정하는 조치는 다시 생각해 봐야 한다.

두 입장은 동일한 도덕 원리를 바탕에 두고서도 정반대 의견을 보여요. 이는 사실 판단과 도덕 판단이 다르기 때문이에요. 두 입장은 크게 두 가지 관점에서 차이를 보입니다. 첫째는 차별에 대한 인식 차이고(사실

판단의 내용), 두 번째는 차별을 바로잡는 방법에 대한 관점 차이(도덕 판단의 내용)입니다.

먼저, 두 입장은 성차별의 심각성에 대한 인식 차이를 보여 줘요. 과거보다 성차별이 개선된 것은 분명해요. 그러나 여전히 많은 분야에 성차별이 있는 것도 사실이에요. 두 입장은 성차별을 바로잡는 방법에서도 차이를 보여요. 한마디로 '인위적인 개입이냐, 기회균등 보장이냐'로 나뉘죠. 적극적인 차별 시정 조치는 인위적인 개입일 테고요. 기회균등 보장은 경쟁할 기회를 철저하게 보장하자는 거예요.

성차별을 바로잡는 방법의 차이는 '공정성'에 대한 견해차와도 연결돼요. 달리기 경주에 빗대어 설명한다면 기회균등을 주장하는 쪽은 출발선(기회)이 같고, 규칙(과정)이 공정하며, 이로부터 도출된 서열과 승패(결과)가 정당한지만을 따져요. 예를 들어 채용 과정에서 성적 조작, 성별 순위 변동, 뇌물 수수 등과 같은 채용 비위* 문제가 없도록 하자는 거예요. 이를 공정한 경쟁으로 보죠.

그러나 반대편에서는 이런 조치만으로 충분하지 않다고 비판해요. 많은 사람이 신분에 따른 차별(세습이나 상속 등으로 평가받는 것)은 불공정하

비위 법에 어긋남.

고 정의롭지 않다고 생각하는 반면에, 능력에 따른 차별은 공정하고 정의롭다고 생각해요. 그러나 기회균등이 공정해지려면

① 세습이나 상속(성별에 따른 우위도 '사회적 상속'으로 이해할 수 있습니다) 같은 외부 요인이 끼어들면 안 됩니다.

② 개인의 재능과 노력·성과에 대한 기여 등이 객관적으로 측정·평가돼야 합니다.

③ 이를 토대로 한 분배가 능력에 비례해서 정확하게 이뤄져야 합니다.

현실에서는 세 가지 조건 모두 충족되기 어렵습니다. 그러므로 공정(fairness)을 넘어서 정의(justice)의 관점에서 사회를 바라보고 사회적 가치와 지향점을 논의할 필요가 있어요.

'토끼와 거북이' 이야기에서 둘은 공정한 경주를 벌였을까요? 토끼와 거북이가 출발선이 같았으니, 공정한 시합이라고 할 수 있을까요? 조금

만 생각해 봐도, 공정하지 않다는 걸 알 수 있어요. 땅 위에서 벌이는 경주는 토끼에게만 유리한, 불공정한 경주예요. 만약 물속에서 시합을 벌인다면 거북이가 더 유리하겠죠. 둘 모두에게 공정한 시합이 되려면 아마도 달리기, 수영 등을 포함한 '철인 3종 경기'가 적당하지 않을까요? 결국 '균등한 기회 보장'이 형식적인 기회 보장, 즉 같은 출발선에서의 출발만을 뜻한다면 '기회 보장'은 출발선에서의 불평등을 강화할 위험이 있어요. 경쟁이 벌어지기 이전부터 존재하는 불평등(한 조건)을 방치할 테니까요. 경제학 원론에 따르면 완전 경쟁이 공정한 경쟁이에요. 같은 조건에서 벌이는 완전 경쟁이 되려면, '균등한 기회 보장'에서 말하는 기회가 단순히 형식적 기회에 머물러선 안 되겠죠. 경쟁에 참여할 형식적 기회만 보장하는 것은 오히려 경쟁 이전에 존재하는 불평등(한 조건)을 강화하고 정당화할 뿐이에요.

형식적 기회균등을 넘어서 실질적인 기회균등이 되려면 사회 경제적 성취를 둘러싼 경쟁에서 누구도 불공정한 우위를 차지할 수 없도록 해야 해요. 그것이 선천적인 조건이든, 후천적인 조건이든 여타의 불공정한 우위가 경쟁에 미치는 영향력을 최소화해야 해요. 그런 의미에서 진정한 기회균등은 어떻게 하면 불공정한 우위를 배제하고 동일한 조건에서 경쟁하도록 할지에 초점이 맞춰져야 하겠죠.

차별을 바로잡는 조치가 필요한 이유도 그와 같아요. 차별을 바로잡는 제도를 만들 때는 세 가지를 주의해야 해요. 첫째, 집단 선정이 중요해요. 역사적으로 차별받아 왔고 지금도 차별로 고통받는 사람을 대상으로 해야 해요. 둘째, 우대 조치의 수준도 중요해요. 수준을 낮게 잡으면 차별을 줄이는 효과가 떨어지고, 높게 잡으면 선의의 피해자가 생겨요. 셋째, 차별 시정 조치는 영구적 제도가 아니라 한시적 제도예요. 차별을 바로잡으면 해당 조치는 자연스럽게 사라져야 해요.

미국 연방 대법원은 사회적 약자를 위한 적극적 조치를 두고 그동안 세 차례 판결을 내렸어요. 첫 번째 판결은 1978년 캘리포니아 주립대를 상대로 제기된 위헌 소송이었어요. 연방 대법원은 소수 인종만을 위한 할당제 입학을 허용해서는 안 된다고 판결했어요. 할당제가 선의의 피해자를 낳을 수 있다고 봤죠. 두 번째는 2003년 미시간 주립대를 상대로 한 위헌 소송이었어요. 연방 대법원은 대학 구성원의 다양성을 위해 입학 허가 기준으로 인종을 고려할 수 있다고 인정했어요. 2016년에도 연방 대법원은 텍사스 주립대의 소수 인종 우대 정책이 정당하다고 판결했어요. 할당제 입학은 위헌으로 판결했지만, 적극적 조치 그 자체는 합헌으로 본 것이죠.

"SNS는 우리 생활과 떼려야 뗄 수 없는 소통 수단으로 자리 잡았어요. 이용자가 늘어나는 만큼 관련 문제도 다양하게 발생하고 있지요. 특히 온라인이라는 환경의 특수성 때문에 윤리 문제가 더욱 중요해요!"

소셜 미디어 윤리적으로 바라보기

혐오 표현도 표현의 자유에 속할까?

'ㅇㅈ(인정)' 'ㄱㅇㄷ(개이득)' '에바다(오버한다)'처럼 10대들이 문자나 온라인에서 많이 쓰는 신조어를 가리켜 '급식체'라고 불러요. '급식체'는 청소년 혐오를 드러내는 말이에요. '급식충'이란 말도 사회에 별다른 기여를 하지 못하는 청소년이 무상 급식이라는 특혜를 누린다는 비하와 혐오를 담고 있어요.

초등학교에서도 여러 혐오 표현이 무분별하게 사용돼요. 학생들은 빻다(못생겼다), 쿵쾅이(뚱뚱한 여자), 이백충(부모 수입이 200만 원), 월거지(월세 거주자), 엘사(LH 아파트에 사는 아이), 담임충 등의 혐오 표현을 아무렇지 않게 써요. 빨갱이, 급식충, 김치녀, 김 여사 등 오늘의 대한민국에는 사상, 종교, 사회적 신분, 성별 등을

비난하는 수많은 혐오 표현이 넘쳐나요. 한국에서 혐오 표현은 2012년부터 본격적으로 등장했어요. 여성, 전라도, 민주화 운동 등에 대한 혐오 표현이 먼저 나타났지요.

2019년, 유엔은 혐오 표현을 '발언, 글, 행동을 통한 모든 종류의 커뮤니케이션으로서, 그들의 정체성, 즉 그들의 종교, 민족, 국적, 인종, 성별, 피부색, 성적 지향 등 정체성에 근거하여, 어떤 개인이나 집단에 대하여, 경멸적 또는 차별적 언어를 사용하거나 공격하는 것'이라고 정의했어요. 2020년, 국가인권위원회는 '성별, 장애, 종교, 나이, 출신 지역, 인종, 성적 지향 등을 이유로 어떤 개인이나 집단에게 모욕, 비하, 멸시, 위협, 또는 차별·폭력의 선전과 선동을 함으로써 차별을 정당화하거나 조장·강화하는 효과가 있는 표현'이라고 정의했습니다. 그러니까 혐오 표현이란 '누군가의 정체성을 이유로 그에 대한 혐오를 말이나 글로 드러내는 것'이라고 간단히 정의할 수 있어요. 주로 여성이나 난민, 장애인, 성 소수자 등 힘이 약한 사람을 향한 공격적인 표현을 말해요.

2019년, 헌법 재판소(헌재)는 '혐오 표현'을 금지한 서울시의 학생 인권 조례가 헌법에 어긋나지 않는다고 판단했어요. 혐오 표현 규제와 관련한 헌재의 첫 결정이었어요. 헌재는 혐오 표현은 소수자의 인간 존엄성을 침해하고, 민주주의의 장에서 허용되는 한계를 넘기 때문에 금지할 필요가 있다고 했습니다. 혐오 표현을 인정하면 회복하기 어려운 피해를 남기게 되므로 인간의 존엄성을 지키기 위해 혐오 표현을 금지할 수 있다고 밝혔어요.

혐오 표현을 금지해야 할까요? 혐오 표현을 표현의 자유로 인정해야 할지, 아니면 사회적 소수자에 대한 폭력으로 봐야 할지에 따라 판단이 달라질 거예요. 표현의 자유가 무엇이고 왜 필요한지 근본적인 고민이 필요해 보입니다. 또한 혐오 표현을 표현의 자유로 인정하고 내버려 뒀을 때 사회에 미칠 영향도 면밀하게 살펴봐야겠습니다.

그래, 혐오 표현도 표현의 자유에 속해

표현의 자유는 중요해요

'허락받기 전까지 아무 말도 하지 말 것!' 영화 〈안테벨룸〉(2020)에서 노예로 붙잡혀 온 흑인들에게 주어지는 첫 번째 규칙입니다. 노예란 자유는 없고 의무만 있는 존재였어요. 노예는 발언권을 얻어야 말할 수 있었어요. 신체의 자유도, 표현의 자유도 없으면서 일할 의무만 있었지요. '표현의 자유'란 말 그대로 자신의 의견이나 생각을 아무런 억압 없이 겉으로 드러내 표현하는 자유로서, 민주주의에서 중요한 기본권이에요.

의견과 생각을 표현하고 타인과 소통하는 것은 자유롭고 개방적인 사회에서 매우 중요해요. 표현의 자유는 사람이 자기답게 살기 위한 본성이자 당연한 권리입니다. 사회 구성원이 의사 결정에 참여하기 위해서도 표현의 자유가 반드시 보장돼야 해요. 표현의 자유가 없다면 사회에서 중요한 결정을 내릴 때 개인의 생각을 반영할 방법이 없으니까요. 결국 누군가 정하고 이끄는 대로만 사회 구성원 모두가 따라야 합니다. 〈안테벨룸〉의 노예와 다를 바 없어요.

표현의 자유는 그 자체가 중요한 기본권이지만, 다른 기본권을 보호하기도 해요. 만약 여러분이 학교에서 신체의 자유*가 침해

당했다면 어떻게 해야 할까요? 항의하고 문제를 제기해야겠죠. 그 수단이 바로 '표현'이에요. 우리가 어떤 권리를 침해받았을 때 우리는 권리를 지키기 위해 싸워요. 그 투쟁의 첫 출발점은 나의 권리를 대외적으로 이야기하고 연대를 호소하는 거예요. 표현의 자유가 다른 권리를 지키기 위해 먼저 보장되어야 하는 이유가 여기에 있어요. 말조차 자유롭게 할 수 없다면 다른 기본권도 지키기 어려울 테니까요.

> **신체의 자유**
>
> 법률 절차에 의하지 않고는 신체를 구속당하지 않고, 자기가 하고 싶은 대로 행동하고 돌아다닐 수 있는 자유를 의미해요.

표현의 자유가 다른 기본권 보호의 교두보이기에 민주주의 사회에서 언론의 자유, 표현의 자유는 무엇보다 중요해요. 그래서 민주주의 사회라면 어느 곳이나 시민들이 표현의 자유를 쟁취하기 위해 피를 흘린 역사가 있어요. 1789년 프랑스의 '인간과 시민의 권리 선언' 제11조가 말하듯 "사상과 의견의 자유로운 소통은 인간의 고귀한 권리 중 하나"예요. 우리 헌법재판소 역시 "표현의 자유가 보장되어 있지 않은 나라는 엄격한 의미에서 민주국가라 하기 어려운 것"이라고 확인한 바 있어요.

규제는 위험해요

법적 규제는 역효과를 낳기도 해요. 특정한 표현에 대한 제한이 사람들 스스로 자신의 표현이 법을 어겼는지 고민하게 만들고, 그 결과 사람들이 표현하는 것 자체를 두려워할 수 있어요. 1%의 규제로 전체가 위축될 수 있죠. 혐오 표현에 대한 법적 제한이 다른 표현에 대한 제한으로 이어질 수도 있어요. 가령 혐오 표현 규제를 정당화한 논리가 공산주의자를 억압하는 데에도 사용될 수 있어요. 공산주의에 대한 찬반을 떠나 '사상의 자유'는 어떤 생각이든 자유롭게 표현할 권리를 보장하는데 말이죠.

표현의 자유를 제한하는 법이 정적을 제거하는 수단으로 악용될 가능성도 있어요. 중세 유럽에서는 왕을 비판하는 표현이나 신을 모독하는 내용을 검열했어요. 권력자나 지배 계층이 권력을 유지하기 위해서였지요. 1970년대 우리나라 경찰은 자를 들고 다니면서 치마가 짧거나 머리가 긴 사람들을 단속했어요. 이른바 "퇴폐 풍조를 일소*하여 명랑한 사회 질서를 확립한다"는 말도 안 되는 이유에서였죠. 사람들이 자기를 표현하는 옷과 머리 모양조차 마음대로 할 자유가 없었던 거예요.

혐오 범죄라는 구체적 행위에 대해서는 규제하거나 처벌할 수 있겠지만, 표현 자체를 막아서는 안 돼요. 미국이 그렇게 하고 있어요. 미국에서는 혐오 표현도 수정헌법 제1조의 보호를 받습니

일소 한꺼번에 싹 제거하다.

다. 그러나 미연방 양형위원회 가이드라인 매뉴얼에 따라 '혐오 범죄'는 보호받지 못합니다. 특히 피해자의 개인적 특성(인종, 피부색, 국적, 성별, 성적 지향, 장애 등)이 범행 동기가 됐을 때 3배까지 가중 처벌*할 수 있습니다. 혐오 표현은 자유롭게 내버려 두되, 혐오 범죄를 엄격하게 다스리면 됩니다.

규제가 효과적일까요?
법적 제한은 비효율적이에요. 실제로 혐오 표현을 범죄로 보고

가중 처벌 형을 더 무겁게 하여 내리는 벌.

처벌하는 나라들에서도 그 효과가 제대로 검증된 적이 없어요. 독일은 강력한 혐오 표현 금지법을 시행하지만 반이슬람·반이민자 정서가 갈수록 커지면서 그들을 대상으로 한 극우* 세력의 강력 범죄가 크게 늘었어요. 2014년 1,029건에서 2016년 1,698건이나 됐죠.

게다가 혐오 표현에 대한 규제와 처벌은 문제를 해결했다는 착시 효과를 불러일으켜요. '합법'이라고 판결하면 사회는 그것을 '문제없음'으로 받아들여 문제 해결을 위한 노력을 게을리해요. 반면에 '불법'으로 판결하여 처벌하면 문제가 해결되었다고 착각합니다. 국가가 자기 책임을 다한 것으로 생각하면, 더 중요한 문제인 사람들 간의 혐오와 적대감을 없애는 일에 소홀해질 수 있어요. 그러나 법으로 혐오 표현을 금지하더라도 혐오와 적대감을 사라지게 할 수는 없어요. 법률적 접근 이외에도 여러 가지 방법을 시도할 필요가 있어요.

논쟁을 통해 혐오를 극복해야 한다는 의견이 있어요. 표현의 자유는 진리를 얻는 데 기여해요. 사회가 어떤 진리를 알기 위해서는 자유롭게 말하고 토론할 수 있어야 합니다. 열린 토론, 자유로운 의견 교환, 질문과 비판의 자유 등이 보장되어야 진리를 찾

극우 자기 집단이나 자기 민족을 앞세우면서 다른 집단이나 민족을 혐오하고 차별하는 태도.

을 수 있어요. 물건을 시장에서 자유롭게 거래하듯이 생각도 사상의 자유 시장(free market of idea)*에서 자유롭게 주고받아야 사회가

> **사상의 자유 시장**
> 무엇이 진리인지 국가의 관여 없이 공개된 장소에서 자유롭게 논쟁할 수 있어야 한다는 관점이에요.

발전해요. 혐오 표현 역시 사상의 자유 시장에서 더 많은 표현, 더 좋은 사상 등과 자유롭게 경쟁하는 과정에서 자연스럽게 사라질 수 있어요. 철학자 존 스튜어트 밀과 존 밀턴의 지적처럼 틀린 의견이 오히려 "진리를 더 생생하고 명확하게 드러낼 수 있는 대단히 소중한 기회"를 제공할 수 있으며, "진리의 논박이야말로 거짓에 대한 가장 확실한 억압"입니다.

아니야, 혐오 표현은 표현의 자유가 아니야

'표현의 자유'에도 한계가 있어요

표현의 자유가 중요한 가치라는 점은 분명해요. 그렇다고 '모든 표현'을 자유로서 보호해야 할지는 의문이에요. '모든 표현'을 보호한다면 말하는 사람의 권리만 고려한 것일 테니까요. 말은 하는 사람과 듣는 사람 사이에서 이루어져요. 상대가 없는 말은 혼잣

말에 불과해요. 표현은 듣는 이가 있을 때 완성돼요. 듣는 사람의 권리도 생각한다면 모든 말이 표현의 자유에 속한다고 할 순 없겠지요.

존 스튜어트 밀은 《자유론》에서 "남에게 해를 끼치지 않는다면 사상과 표현의 자유를 조건 없이 누릴 수 있어야 한다"라고 주장했어요. 밀은 '남에게 해를 끼쳐서는 안 된다'는 단서를 달았어요. 남에게 해를 끼치는 표현은 '표현의 자유'로 보호하기 어렵다는 것입니다. 당연히 그런 표현은 규제할 수 있겠죠.

거꾸로 남에게 해를 끼치지 않는 표현이라면, 설사 도덕적으로 바람직하지 않더라도 사회의 자정 기능에 맡겨야지 국가가 강제

로 규제해서는 안 돼요.

그렇다면 혐오 표현은 어떨까요? 혐오 표현은 '타인의 존엄성*을 해치고 타인에게 해를 입힐 목적'에서 이루어져요. 한 개인의 존엄성은 그 개인의 권리 문제만이 아니에요. 공익과 관련 있죠. 누군가의 존엄성이 위협받는다면 다른 사람의 존엄성도 안전하지 않아요. 한 사람에 대한 공격이 그 사람이 속한 집단, 더 나아가 다른 소수자 집단에 대한 혐오로 이어질 수 있어요. 따라서 혐오 표현은 보호해야 할 표현의 자유가 아니에요.

> **존엄성**
> 가장 최고로 여겨지는 높고 위엄 있는 성질을 뜻하는 말로, 인간이 인간이라는 이유만으로 존재 가치가 있으며 그 인격은 존중받아야 한다는 생각이에요.

혐오할 자유란 없어요. 민주주의 사회에서는 자유로운 의견 표출과 여론 형성을 위해 표현의 자유를 최대한 보장하지만, 혐오 표현은 해당하지 않아요. 혐오 표현은 민주주의에 아무런 도움이 되지 않아요. 혐오 표현은 혐오 대상의 존엄성을 짓밟을 뿐이지요.

강자와 권력자를 향한 혐오 표현과 약자와 소수자를 향한 혐오 표현은 고통의 크기와 깊이가 달라요. 약자와 소수자는 자신을 보호할 사회적 자원이 적습니다. 그러므로 혐오 표현으로 인한 고통 역시 크고 오래갈 수 있어요. 대개 약자와 소수자는 더 많은 보호가 필요하며, 이는 혐오 표현에도 적용돼요.

혐오 표현은 해로워요

앞에서 혐오 표현 금지가 위헌이 아니라는 헌재의 결정을 소개했어요. 당시에 헌재는 "(혐오 표현은) 발화 즉시 표현의 상대방뿐만 아니라 다른 사회 구성원에게 영향을 미치며, 이를 통해 적대감을 유발시키고 고취시킴으로써 특정 집단의 가치를 부정한다"며 "회복하기 어려운 피해를 남기게 되므로 (혐오 표현을) 금지하는 것은 헌법상 인간의 존엄성 보장 측면에서 긴요하다"라고 했어요. 혐오 표현은 그 자체로도 해가 되지만 차별과 폭력을 일으킬 위험이 있어요. 혐오 대상을 끊임없이 구분 짓고 따돌리고 차별하며 심지어 죽이기 때문에 혐오 표현을 규제해야 해요.

2017년, 미얀마 군대에 의해 학살당한 로힝야족 이야기를 들어 봤나요? 로힝야 사람들 수십만 명이 목숨을 잃고 수십만 명이 국경 밖으로 탈출했어요. 학살이 벌어지기 전에 로힝야족에 대한 혐오를 부추기는 가짜 뉴스가 기승을 부렸어요. 로힝야 사람들을 개, 돼지로 묘사하거나, 로힝야 사람들이 테러를 저질렀다거나, 여성을 성폭행했다는 내용이었습니다.

제2차 세계 대전 때 독일 나치는 600만여 명의 유대인을 학살했어요. 나치 정권 이인자였던 요제프 괴벨스는 라디오 방송으로 유대인 때문에 독일 경제가 나빠지고 있다는 가짜 뉴스를 반복적으로 보도했어요. 그렇게 유대인에게 반감과 적대감을 갖도록 부추긴 결과 유대인에 대한 혐오, 차별, 더 나아가 학살까지 벌어졌습니다.

혐오는 합리적인 이유 없이 미워하는 감정입니다. 그 감정을 말이나 글로 나타낸 게 혐오 표현이죠. 혐오로 인해 고용, 교육 등에서 부당한 대우를 하면 차별입니다. 혐오와 차별이 어떤 집단에 대한 물리적 공격으로 나타나는 경우를 증오 범죄라고 하지요. 더 극단적으로 그 집단 전체를 말살하려는 게 집단 학살이에요. 혐오의 끝에 표적 집단을 향한 폭력이 있었던 역사를 모른 척해서는 안 됩니다.

| 혐오의 피라미드 |
- 집단 학살
- 증오 범죄
- 차별
- 혐오 표현
- 편견과 혐오

다른 나라도 규제해요

혐오 표현이 갖는 심각성을 고려할 때 공적 개입을 하지 않는 것은 더 이상 정당화되기 어려워요. 5.18 민주화 운동 유공자를 폄하하고 모독하는 행위들이 끊이지 않아요. 가령 5.18 민주화 운동 유공자들이 북한에서 내려온 북파 공작원이라는 식의 모독이에요. 이런 혐오 표현을 어떻게 막을 수 있을까요? 한국판 '홀로코스트(유대인 대학살) 부정 처벌법'이 필요하지 않을까요?

독일, 프랑스, 오스트리아 등의 '홀로코스트 부정죄'는 혐오 표현을 형법으로 규제하는 대표적인 사례입니다. 독일은 형법 제130조에 따라 민족·인종·종교·국적·성적 지향 등을 이유로 특정 집단을 비방하거나 특정 집단에 대한 증오심을 선동하는 행위를 처벌해요. 제2차 세계 대전 직후 나치 세력의 부활을 막기 위해 제정된 법이에요.

최근에는 SNS 등을 통해 혐오 표현이 광범위하게 퍼지고 있어요. 그래서 독일은 이용자가 신고한 혐오 표현물을 24시간 안에 지우지 않을 경우 SNS 업체 등에 최대 5,000만 유로(한국 돈 약 699억 5,000만 원)의 벌금을 부과하는 '네트워크 강제법'도 도입했어요. 독일 정부는 '자율적인 방법으로는 혐오 표현으로부터 독일 민주주의를 지킬 수 없다'고 법안 도입 배경을 설명했습니다.

쟁점 정리

그래, 혐오 표현도 표현의 자유에 속해	아니야, 혐오 표현은 표현의 자유가 아니야
표현의 자유는 민주 사회에서 중요한 가치예요.	모든 표현이 보호받아야 하는 것은 아니에요.
혐오 표현이라고 하더라도 표현을 규제하는 것은 위험해요.	혐오 표현은 사회에 해로워요.
혐오 표현을 규제한다고 혐오 표현이 사라진다는 보장이 없어요.	혐오 표현을 규제하는 나라가 많아요.

오쌤의 한마디

표현의 자유와
그에 따른 부작용

베트남전쟁이 한창이던 무렵 미국에서는 "X 같은 징병제(Fuck the Draft)"라는 표현이 등장했어요. 병역 거부 운동을 상징하는 표현이죠. 1968년 4월 26일, 미국 캘리포니아에 살던 19세 청년 폴 코언은 'Fuck the Draft'라는 문구가 새겨진 티셔츠를 입고 소란을 피운 혐의로 법원 복도에서 체포됐어요. 폴 코언은 1심부터 주 대법원 상고심까지 모두 유죄를 선고받았어요.

그러나 연방 대법원의 최종 판단은 달랐어요. 1971년, 연방 대법원은 코언에게 무죄를 선고하며 다음과 같이 밝혔지요.

표현은 생각뿐 아니라 감정도 전달한다. 어떤 감정은 반드시 특정한 표현을 해야 전달된다. 그러므로 어떤 표현이 불쾌하다고 해서 쓰지 말라는 것은 그 감정을 표현하지 말라는 사상 통제다.

타인에게 불쾌감을 주는 감정도 표현할 권리가 있다는 의미예요. 이 판결은 미국에서 표현의 자유가 침범하면 안 되는 권리로 뿌리내리는 데 결정적인 역할을 한 것으로 평가받아요.
이 판결을 혐오 표현에도 적용할 수 있을까요? 혐오 표현 연구자들은 혐오 표현을 "영혼의 살인" "말의 폭력" "따귀를 때린 것" 등으로 비유해요. 그만큼 혐오 표현은 피해자에게 깊은 상처와 고통을 줘요. 국제 인권 조약이 표현의 자유를 옹호하면서도 혐오 표현을 예외로 두는 이유예요. 제 21회 유엔총회에서 채택된 자유권 규약(시민적 및 정치적 권리에 관한 국제규약) 19조 2항은 "모든 사람은 표현의 자유에 대한 권리를 가진다"라고 규정하지만, 20조 2항은 "차별, 적의 또는 폭력의 선동이 될 민족적, 인종적 또는 종교적 증오의 고취는 법률로 금지된다"라고 규정해요.
혐오 표현이 논쟁을 불러일으키는 이유는 그것이 '표현'이기 때문이에요. 혐오 표현은 늘 '표현의 자유'와의 대립 속에서 논의됩니다. 한편에서는 표현의 자유를 내세워 혐오 표현조차 인정하지만(혐오 표현에 담긴 내용에 동의한다는 게 아니라 그런 표현조차 표현할 권리가 있다고 본다는 의미예요), 다른 한편에서는 '혐오와 차별로부터 자유로울 권리'를 강조합니다. 자유의 가치는 매우 소중해요. 특히 표현의 자유는 더 말할 필요가 없죠. 표현의 자유를 강조한 프랑스 사상가 볼테르는 "나는 당신의 의견에 동의하지 않는다. 그러나 그렇게 말할 수 있는 당신의 권리를 위하여 끝까지 싸울 것이다"라고 했습니다. 자기 의견을 말할 자유가 그만큼 소중하다는 뜻일 테지요.

하지만 자유는 무한대일 수 없습니다. 혼자 사는 세상이 아니니까요. 나의 자유만큼 타인의 자유도 중요해요. 자유에 관한 윤리적 기준을 세울 때 철학자 존 스튜어트 밀의 말을 유념할 필요가 있어요. 밀은 "나의 자유는 타인의 자유가 시작되는 곳에서 멈춘다"라고 했습니다. 자유를 모든 규칙에서 벗어난 방종*과 혼동하기도 해요. 우리는 자유를 '내 마음대로 하는 것'으로 이해하지만, 철학자 칸트는 인간의 자유에는 '하고 싶지만 하지 않을 수 있는 능력' '하기 싫지만 할 수 있는 능력'도 포함된다

방종 제멋대로 행동하여 거리낌이 없음.

고 주장해요. 사상가 루소도 자유가 규칙을 전제한다고 말합니다. 바로 책임과 의무를 규정하는 규칙이에요.

혐오 표현이 말에서 그칠 뿐 차별과 폭력으로 이어지지 않고, 혐오 표현의 대상이 된 사람들이 사회의 지지와 연대 속에서 상처를 위로받으며 당당하게 살아갈 수 있다면 혐오 표현을 굳이 규제할 이유는 없어요. 사상의 자유 시장에서 혐오 표현이 자연스럽게 사라지게 두면 돼요. 그러나 현실은 정반대예요. 혐오 표현이 사라지기는커녕 더욱 기승을 부립니다. 혐오 표현으로 고통을 당하고 사회 구성원으로서 지위를 누리지 못하는 피해자가 엄연히 존재합니다. 혐오 표현에 대한 인위적인 개입이 필요한 이유입니다.

다만 표현은 머릿속 생각을 외부로 나타내는 행위이기 때문에 생각 그 자체와 뗄 수 없는 관계에 있어요. 표현에 대한 규제가 생각에 대한 통제로 이어질 수 있는 이유이기도 하지요. 표현의 자유에 대한 제한은 '위축 효과'를 불러올 수 있어요. 2000년대에 시행했던 '인터넷 실명제'를 들어 본 적 있나요? 하루 방문자 20만 명 이상인 언론사, 30만 명이 넘는 포털 사이트에 대한 '제한적 본인 확인제'를 시행하자, 곧 여러 부작용이 발생했어요. 표현의 자유가 위축되는 문제가 대표적이었지요. 결국 2012년 헌법재판소가 인터넷 실명제를 위헌으로 판단해 시행 5년 만에 폐지됐지요. 재판관 여덟 명 모두 같은 의견이었습니다.

표현의 자유에 대한 제한은 타인의 명예나 인격권을 보호하고 공중도덕 및 사회 윤리를 지키기 위해 필요하지만, 과도한 규제는 자유롭게 생각할 권리를 침해할 수 있어요. 생각을 자유롭게 할 수 없는 상황은 자유에 대한 본질적인 침해와 다르지 않아요. 표현의 자유를 제한하려고 할 때는 반드시 규제의 부작용과 위험성을 고려해야 해요. 그런 점에서 표현에 대한 제한은 국가 권력의 개입을 최소화한 자율 규제를 원칙으로 하되, 예외적인 경우에만 명확한 기준 아래 법으로 다스리는 것이 바람직하지 않을까요? 타인에 대한 인격권을 심각하게 훼손하거나 민주주의를 중대하게 위협하는 표현(소수자의 발언권을 가로막고 차별을 선동하는 혐오 표현 등)이 바로 예외적인 경우에 속합니다.

유튜브 때문에 세상이 더 좋아졌을까?

뉴스를 접하는 방식이 이전과 크게 달라졌어요. 과거에는 신문과 방송 등을 통해 직접 뉴스를 접했어요. 지금은 뉴스가 디지털 플랫폼을 통해 소비되고 퍼지는 시대지요. 2000년대 이후에는 포털 사이트를 주로 이용했고, 최근에는 소셜 미디어를 주로 이용해요. 유튜브, 카카오톡, 인스타그램 등을 소셜 미디어라고 불러요. 소셜 미디어를 이용하면 자기 입맛에 맞는 뉴스를 쉽게 접할 수 있어요. 카카오톡 단체 채팅방 등을 통해 이를 다른 사람들과 쉽게 공유할 수도 있고요.

스마트폰으로 콘텐츠를 소비할 때 유튜브 같은 플랫폼은 비중이 매우 커요. 최근에는 전 세대에 걸쳐 유튜브 이용이 크게 늘

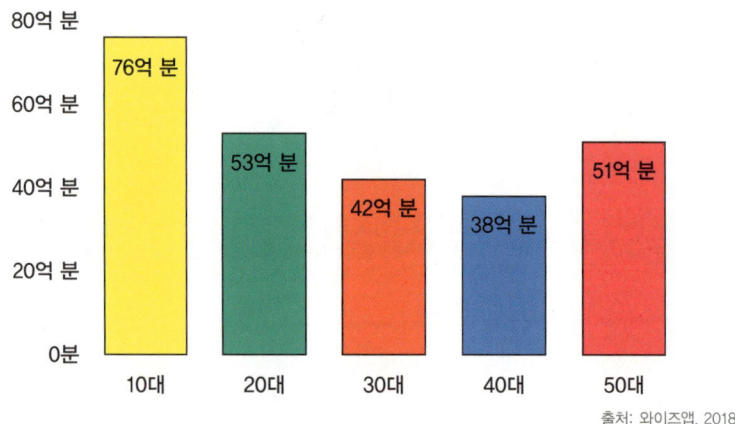

|나이별 유튜브 사용 시간|

출처: 와이즈앱, 2018년

어났지요. 한국언론진흥재단의 조사에 따르면 청소년들의 유튜브 이용률은 90%를 넘었어요. 거의 모든 청소년이 이용한다는 의미지요. 게다가 유튜브는 더 이상 젊은 세대의 전유물도 아니에요. 한 조사에 따르면 2018년 기준, 50대 이상의 한 해 유튜브 총사용 시간은 51억 분에 달했어요. 이는 10대(76억 분), 20대(53억 분)의 사용 시간보다 적지만 30대(42억 분), 40대(38억 분)보다 많은 수치지요.

유튜브 플랫폼과 함께 등장한 유튜버라는 직업 또한 사회적 관심과 영향력이 커지고 있어요. 2017년에 초등학생을 대상으로 진행한 '닮고 싶은 인물' 조사 결과에 따르면 유튜버 '도티'가 이순신 장군보다 순위가 높았지요. 2018년, 미국인을 대상으로 진행한 '좋아하는 연예인' 조사에서도 1~6위를 모두 유튜버가 차지했습니다.

특히 유튜버는 어린이나 청소년들의 장래 희망으로 높은 순위에 들 만큼 인기가 높아요. 2020년, 교육부와 한국직업능력개발원에서 초·중·고등학생을 대상으로 실시한 조사에서 학생들이 희망하는 직업군 중 유튜버를 비롯한 크리에이터 직군이 최근 3년간 10위권 안에 진입했어요. 초등학생에게는 크리에이터가 희망 직업군 4위에 오를 정도로 인기가 높았어요. 이처럼 유튜버는 단순히 좋아하는 대상을 넘어서 닮고 싶은 대상, 되고 싶은 대상이 될 만큼 사회적 관심과 위상이 높아졌습니다.

물론 긍정적인 변화만 있는 것은 아니에요. 한동안 온라인을 떠들썩하게 만든 '지구 평면설'은 지구가 둥근 공 모양이 아니라, 평평한 원반 형태라는 주장이에요. 유튜브에서 널리 퍼진 대표적인 허위 정보지요. 이 황당한 주장을 믿는 '평평한 지구학회'는 회원이 10만 명을 넘었습니다. 2019년, 미국 텍사스 공과대학교 애슐리 랜드럼 교수는 지구 평면설을 믿는 사람들이 갑자기 늘어난 배경에 유튜브가 있다는 연구 결과를 발표했어요. 유튜브 때문에 세상이 더 좋아졌을까요, 나빠졌을까요?

그래, 유튜브 덕분에 세상이 더 좋아졌어

똑똑한 유튜브

2000년대 초만 해도 우리나라에 포털 사이트가 열 곳이 넘게 있었어요. 지금은 네이버, 다음, 구글 정도가 있지요. 치열한 경쟁에서 네이버가 승자가 된 비결은 바로 '지식IN 서비스'였어요. 궁금한 걸 물어보면 답을 아는 사람이 답글로 알려 주는 지식IN 서비스를 선보이면서 많은 이용자를 끌어모았죠.

그런데 얼마 전부터 네이버의 명성이 흔들리고 있어요. 많은 사람이 정보를 검색할 때 포털 사이트보다 유튜브를 이용하기 때문이지요. 유튜브에는 뷰티·게임·키즈 등 볼거리, 즐길 거리가 넘쳐요. 유튜브는 정보도 제공해요. 시사, 경제, 운동, 의학, 과학, 역사, 인문학 등 온갖 분야의 전문가들이 이곳에서 사람들이 궁금해하는 정보를 공유해요. 이용자는 댓글을 통해 영상에 대한 의견을 남기거나 질문을 할 수 있어요. 유튜버는 이용자의 피드백을 반영해 더 나은 영상을 만들어요.

사람들은 왜 유튜브에서 정보를 검색할까요? 이유는 간단합니다. 쉽고 편리하기 때문이에요. 머리를 스스로 다듬거나 장난감을 조립하다 보면 막막할 때가 있어요. 그럴 때 유튜브에 들어가면 어김없이 관련 영상을 찾을 수 있어요. 영상이라서 글로 볼 때보다 이해하기도 쉽지요. 예를 들어 머리를 자르는 법을 포털에서 검색하면 글이나 사진 위주니까 이해가 안 될 수 있어요. 반면에 유튜브에서는 영상으로 시연하기 때문에 쉽게 따라 할 수 있지요. 유튜브는 언제 어디서나 볼 수 있으며, 어떤 주제든지 간에 자세하고 친절한 설명이 가득해요. '꿀팁'도 넘치지요.

이제 많은 사람이 궁금한 게 생기면 포털보다 유튜브로 먼저 달려갑니다. 포털에서 검색하면 '아재'고, 유튜브에서 하면 '젊은 세대'라는 말도 있을 정도지요.

레거시 미디어의 보완재

혹시 〈1987〉(2017)이라는 영화를 아나요? 영화에는 1980년대 정부가 언론을 통제하던 모습이 나와요. 당시 정부는 '어떤 내용은 보도하고 어떤 내용은 보도하지 말라'는 지침을 매일매일 각 언론사에 보냈어요. 민주화 이후에는 이런 일이 줄긴 했지만, 그렇다고 해서 언론이 완전히 자유로워졌다고 말하긴 어려워요. 정치권력이 통제하지 않아도 언론이 알아서 정치권력에 아첨하거나 경제권력의 비위를 맞추기도 하니까요.

언론은 힘없는 사람보다 힘 있는 사람의 목소리를 더 많이 내보내요. 정치 뉴스에서는 힘 있는 정치인의 목소리를 더 많이 실어 주고, 경제 뉴스에서는 영향력이 큰 기업의 목소리를 주로 실어 주거든요. 상황이 이렇다 보니 평범한 사람의 목소리가 잘 들리지 않아요. 특히 사회적 약자나 소수자의 목소리는 더더욱 그렇지요. 이와 관련해 타일러 오클리라는 성 소수자 유튜버는 "기존 미디어는 자신의 권리를 박탈당한 사람들이 목소리를 낼 수 있는 곳이 아니었다"라고 주장했답니다.

더 이상 레거시 미디어(전통적인 언론)만이 뉴스 정보를 공급하지 않습니다. 2000년대 이후 인터넷의 발달로 뉴스 생산과 유통의 진입 장벽이 낮아지고 다양한 뉴스 조직이 등장했어요. 그리고 1인 미디어가 활성화되면서 개인이 다양한 동기를 가지고 정보 생산에 참여하는 경우가 많아졌지요. 특히 2018년을 전후하여 폭발적으로 성장한 '유튜브 저널리즘'에 주목할 필요가 있어요. 1인 미디어의 대중화, 뉴스 생산과 공유의 편리성 등이 결합하면서 유튜브가 대안 언론으로 부상했어요. 인터넷이 널리 쓰이면서 누구나 자유롭게 자기 목소리를 낼 수 있습니다. 유튜브는 이런 환경에서 파급력이 큰 영상으로 많은 사람에게 막대한 영향을 미치고 있지요.

유튜브에서는 다양한 사회적 목소리를 들을 수 있어요. 장애인, 어린이, 성 소수자 등이 다양한 주제로 자기 목소리를 내지요. 민주주의는 힘없는 사람도 자기 목소리를 내면서 주인이 되는 제도라고 할 수 있어요. 유튜브가 민주주의에 기여하고 있는 것이지요. 시사 주간지 〈시사IN〉이 매년 조사하는 언론 신뢰도에서 2020년, 유튜브는 기존의 방송·신문을 제치고 가장 신뢰하는 언론매체 1위(13%)로 올라섰어요.

1920년, 우리나라에 일간지가 처음 등장했어요. 1926년 당시 인구 2,000만 명 중에서 신문을 읽는 사람은 겨우 1%에 불과했지요. 〈동아일보〉, 〈조선일보〉, 〈매일신보〉 등 세 곳의 일간지 발행 부수가 다 합쳐 고작 7만 부 정도였거든요. 당시 문맹률은 80~90%나 됐어요.

지금은 인터넷과 유튜브 등을 통해 엄청나게 많은 정보가 쏟아지는 시대예요. 누구나 마음만 먹으면 정보의 바다에 접속해 다양한 정보를 얻을 수 있어요. 한 사람이 접하는 정보의 양이 그 사람의 계급을 말해 주던 것이 오랜 역사였어요. 인터넷과 유튜브의 등장으로 정보의 계급 질서가 깨지고 정보의 민주 사회가 활짝 열렸답니다.

아니야, 유튜브 탓에 세상이 더 나빠졌어

멍청한 유튜브

유튜브에 다양한 콘텐츠가 있는 것은 분명한 사실이에요. 그런데 사람들은 다양한 콘텐츠를 두루 이용할까요? 유튜브는 내가 좋아할 만한 영상을 알아서 추천해 주고 그 영상을 보고 나면 다시 관련 영상을 자동으로 알려 줘요. 알고리즘 덕분이지요. 수많은 콘텐츠 중에 내가 좋아하는 동영상을 어떻게 이리도 잘 찾아줄까 싶을 정도입니다. 굳이 영상을 찾아다닐 필요가 없지요.

플랫폼 서비스가 돈을 벌기 위해선 이용자를 자사 서비스에 오랫동안 묶어 둬야 해요. 이용자가 유튜브에 오래 머물수록 광고를 더 많이 보고, 그래야 유튜브가 돈을 더 많이 벌 수 있으니까요. 문제는 어쩌다 한번 가짜 뉴스를 접하면 그와 비슷한 내용이 계속 추천될 가능성이 있다는 거예요. 균형감과 비판적 사고력이 부족하면 가짜를 진짜라고 믿게 됩니다.

> **필터 버블**
> 인터넷에서 정보를 검색하거나 소셜 미디어를 이용할 때 이용자가 자기 취향이나 관심사에 맞는 정보만을 접하게 되는 현상을 말해요.

나와 생각이 다른 사람들의 목소리도 들어야 사회가 건강해집니다. 계속 유사한 콘텐츠만 소비하면 다른 성격의 콘텐츠는 추천받지 못하지요. 이미 본 것과 최대한 비슷한 종류의 정보만 계속 접하면 정보 편식이 우려돼요. 다양한 콘텐츠를 만날 기회를 차단당하면 필터 버블* 현상이 나타날 수도 있지요. 편견을 갖게 되면 편견과 일치하는 정보는 쉽게 받아들이고 잘 기억해요. 반면에 자신의 편견과 반대되는 정보는 쉽게 무시하거나 왜곡하고 잊어버리지요. 애매모호한 정보는 편견과 일치하는 쪽으로 해석해 버리고요. 익숙한 음식, 익숙한 맛을 선호하는 것처럼 우리는 정보를 받아들일 때 입맛에 맞는 정보를 편식한답니다.

〈월스트리트저널〉에 따르면 유튜브는 추천 알고리즘을 활용해 이용자들이 유튜브에 머무는 시간을 70% 이상 늘렸다고 해요. 이 과정에서 음모론적인 콘텐츠를 자주 추천했어요. 유튜브의 전 엔지니어인 기욤 샬로는 〈가디언〉에 "체류 시간에만 집중된 유튜브 추천 시스템은 필터 버블과 가짜 뉴스를 발생시킬 수밖에 없었다"

라고 폭로했지요.

2020년 초, 코로나19 바이러스가 급속히 퍼지기 시작했을 때 유튜브에서 가짜 정보들이 빠르게 확산했어요. '바이러스가 눈에서 눈으로 전염된다'거나 '백신을 맞으면 기형아를 낳을 수 있다' 등의 가짜 뉴스가 빠르게 퍼졌어요. 세계보건기구는 '인포데믹스'가 전염병 자체보다 더 위험하다고 선언했어요. 인포데믹스는 정보(information)와 전염병(epidemics)의 합성어입니다. 잘못된 정보는 정치나 경제, 안보 등에 심각한 위험을 불러온답니다.

쓰레기가 넘쳐요

가짜 뉴스가 엄청난 돈벌이가 되자, 아예 직업 삼아 또 조직적으로 가짜 뉴스를 만들고 퍼뜨리는 유튜버들이 생겨났어요. 가짜 뉴스는 알고리즘을 통해 확산되지요. 호기심에 '코로나19 빌 게이츠 연관설'을 검색해서 시청하면 다음 영상으로 '코로나19 백신 무용설'을 추천하는 식으로 말이에요.

유튜브 한국 서버의 경우 콘텐츠 조회 수 1회당 수익이 1원인 것으로 알려졌어요. 극우 성향을 지닌 일부 유튜버는 막말, 혐오, 가짜 뉴스 등 자극적인 콘텐츠로 구독자와 조회 수를 늘린 덕분에 높은 수익을 올렸지요. 유튜브는 언론이 아니기 때문에 콘텐츠를 꼭 객관적이고 공정하게 만들 필요가 없어요. 그 결과, 유튜

브는 가짜 뉴스와 온갖 음모론, 사회적 약자와 소수자에 대한 차별·혐오 표현의 온상이 되어 버렸어요.

유튜브는 2019년부터 선정성이나 폭력성 등이 과도하거나 명예 훼손, 저작권 침해 등 위법 소지가 있을 때는 노란 딱지를 붙여 콘텐츠의 품질을 관리해요. 화면 구석에 자그마하게 노란 딱지가 붙은 동영상은 조회 수가 높아도 수익을 창출할 수 없지요. 노란 딱지에 가로막히자 가짜 뉴스 생산자들은 '슈퍼챗'이라는 유튜브의 부가 기능으로 눈을 돌립니다.

유튜브가 2017년에 도입한 슈퍼챗은 유튜버가 라이브 방송을 하면서 실시간 채팅창으로 이용자들에게서 후원금을 받을 수 있는 기능이에요. 최소 1,000원에서 최대 50만 원까지 후원할 수 있으며 횟수 제한은 없어요. 이용자는 슈퍼챗을 보낼 때 자신이 쓴 메시지가 채팅창에 노출되는 혜택을 누릴 수 있어요. 노란 딱지가 붙은 유튜버는 유튜브에서 수익을 얻지 못하더라도 이용자들에게서 받은 후원금으로 돈을 벌 수 있지요.

쟁점 정리

그래, 유튜브 덕분에 세상이 더 좋아졌어	아니야, 유튜브 탓에 세상이 더 나빠졌어
유튜브는 사람들을 더 똑똑하게 만들어요.	유튜브는 알고리즘으로 사람들을 더 어리석게 만들어요.
유튜브는 레거시 미디어를 보완해요.	유튜브에는 음모론과 가짜 뉴스, 혐오 표현이 넘쳐 나요.

유튜브의 미래를 결정하는 건, 바로 당신(You)

문자의 시대에서 영상의 시대로 넘어가고 있습니다. 2018년 〈뉴욕타임스〉가 발행한 특집 기사의 제목은 '탈텍스트 미래에 오신 것을 환영합니다(Welcome to the Post-text Future)'였어요. 기사는 "우리가 온라인에서 경험하는 시간에 영향을 미치는 가장 중요한 변화는 텍스트의 쇠퇴와 오디오, 비디오의 파급 및 영향력의 폭발적 증가"라고 진단하지요. 당장 문자 매체가 사라질 일은 없겠지만, 적어도 온라인에서는 영상 매체에 주도권을 내줄 것이라는 예측입니다.

점점 더 영상 정보 비중이 커지고 문자 정보의 비중은 작아질 거예요. 실제로 우리 삶이 그렇게 바뀌고 있고요. 한국언론진흥재단이 2019년 청소년 2,363명을 조사해 보니, 평소 관심 있는 주제를 찾을 때 가장 많이 이용하는 미디어 서비스는 유튜브 같은 동영상 플랫폼이었다고 합니다. 과거와 달리 인쇄 매체가 아닌 인터넷과 SNS 등 디지털 미디어의 중요성과 비중이 커지면서 여론 형성 참여를 막는 장벽이 사라지고 있어요.

'유튜브 덕분에 세상이 좋아졌다'와 '유튜브 탓에 세상이 나빠졌다'는 기술 낙관론과 기술 비관론에서 뻗어 나온 주장이에요. 기술 낙관론은 기술의 가능성에, 기술 비관론은 기술의 위험성에 관심을 둡니다. 그래서 정반대편에 서 있는 것처럼 보여요. 그런데 그 둘의 바탕에는 같은 생각이 깔려 있어요. 기술이 사회를 결정한다는 '기술 결정론'입니다. 그러나 기술이 사회에 영향을 미치는 만큼 사회와 인간의 행위도 기술에 영향을 미쳐요. 우리가 더욱더 주체적인 관점에서 과학 기술을 바라볼 필요가 있는 이유예요.

"1930년이 되면 맨해튼은 3층 높이까지 똥이 쌓일 것이다." 1890년대에 나온 예측입니다. 당시 말똥은 심각한 환경 문제였어요. 19세기 후반에 도시가 커지면서 교통수단인 마차가 늘어났고, 거리는 말똥으로 넘쳐났지요. 그때 혜성같이 등장한 청정 기술이 자동차였어요. 당시엔 자동차가 환경 오염의 주범이 될 거라고 아무도 예상하지 못했지요. 오늘날 자동차가 지구 온난화와 대기 오염을 초래한다는 사실을 모르는 사람은 없어요.

20세기 초, 자동차는 마차를 밀어냈습니다. 1912년, 미국 자동차 판매량은 35만 대에 달했고, 5년 뒤에 뉴욕에서 마차가 사라졌지요. 마차의 퇴장과 함께 수많은 일자리도 이슬처럼 증발했어요. 말똥을 치우는 청소부, 마차 수리공, 말굽을 가는 사람 등 다양했습니다. 그렇게 일자리가 줄어드는 듯했지만 반전이 일어났어요. 자동차와 관련된 일자리가 늘어나기 시작했어요.

이처럼 새로운 기술, 새로운 매체의 등장은 언제나 양면성이 있습니다. 빛이 강하면 그림자 또한 짙은 법이지요. 유튜브도 마찬가지입니다. 유튜브는 장점도 많지만 단점 또한 적지 않습니다.

2006년, 미국 시사 주간지 〈타임〉은 '올해의 인물'로 'YOU'를 선정했습니다. 후보로 세계 각국의 유명 정치인이 뽑혔는데, 그들을 누르고 평범한 우리가 올해의 인물이 됐지요. 〈타임〉이 선정한 'YOU'는 '당신'을 뜻하기도 하지만 동시에 유튜브를 가리키기도 해요. 〈타임〉은 선정 이유로 "유튜브를 비롯한 새로운 미디어를 통해 평범한 사람이 새로운 디지털 민주주의의 틀을 세우고 자신의 놀이터에서 전문가를 눌렀기 때문"이라고 밝혔지요.

유튜브를 비롯한 뉴미디어가 없었다면 우리 언론 지형은 거대 자본 없이는 진입 자체가 불가능한, 그래서 보수 신문과 그 아류들이 버틴 철옹

성과 다르지 않았을 거예요. 보수 언론*이 이 보여 주는 세상은 세상의 전부가 아니라 일부입니다. 유튜브는 보수 언론에 집중된 언론 권력을 분산시켰어요. 동시에 가짜 뉴스 같은 허위 정보, 조회 수를 높이기 위해 선을 넘는 '어그로' 영상, 솔직한 제품 리뷰인 줄 알았는데 돈을 받고 만든 '뒷광고' 등도 넘쳐나지요. 특히 가짜 뉴스가 민주주의를 위협하고 있어요.

"소셜 미디어로 인해 세계의 민주주의가 후퇴한다."

'표현의 자유를 지키는, 두려움을 모르는 옹호자'로 2021년 노벨 평화상을 수상한 마리아 로사가 한 말입니다.

과연 유튜브는 우리에게 어떤 미래를 가져다줄까요? 우리가 어떻게 이용하느냐에 따라서 미래는 달라질 것입니다.

보수 언론 기존 체제를 옹호하는 보수적 가치를 추구하는 언론사.

가짜 뉴스, 규제해야 할까?

가짜 뉴스의 가장 큰 피해자는 정치가 아니라 과학이라는 견해가 있어요. 코로나19가 인류를 괴롭히는 와중에 가짜 뉴스가 기승을 부렸어요.

"빌 게이츠가 코로나19 바이러스 대유행을 만들어 냈다."

"백신으로 국민에게 추적 장치를 심으려 한다."

유튜브 등에 널리 퍼졌던 코로나19와 관련된 가짜 뉴스였어요. 빌 게이츠는 이런 가짜 뉴스를 '정신 나간 소리'라고 한마디로 일축하며, 이와 같은 음모론이 백신 접종률을 낮췄다고 안타까워했지요.

유튜브를 비롯한 소셜 미디어는 코로나19 백신에 관한 가짜 뉴스의 온상이었어요. 백신이나 코로나19 바이러스에 대한 가짜 뉴스로 인해 방역과 백신 접종에 차질을 빚기도 했지요. 이에 유튜브는 백신 관련 가짜 뉴스에 칼을 빼 들었어요. 2020년부터 코로나19 백신에 관한 가짜 뉴스 동영상과 허위 정보 계정을 삭제했고, 2021년에는 코로나19 백신뿐만 아니라 모든 백신에 대한 가짜 뉴스 영상과 허위 정보 계정을 삭제했습니다.

  가짜 뉴스의 영향력이 날로 커지고 있습니다. 가짜 뉴스는 소셜 미디어를 통해 급속히 퍼지면서 독버섯처럼 사회를 파고들지요. 앞서 소개한 노벨 평화상 수상자인 마리아 로사는 민주주의가 가짜 뉴스의 심각한 위협으로 수년 내에 무너질 수 있다고 경고했습니다. 16년간 독일 총리를 역임한 메르켈 전 총리도 고별사에서 "증오, 폭력, 음모론 등 가짜 정보로부터 민주주의를 지키기 위한 투쟁에 나서 달라"고 촉구했습니다.

가짜 뉴스를 어떻게 해야 할까요? 규제해야 할까요, 말아야 할까요? 규제의 필요성과 부작용이 맞서고 있습니다. 더불어 규제의 가능성과 어려움도 적지 않은 논란거리입니다.

그래, 가짜 뉴스는 규제해야 해

가짜 뉴스가 심각해요

가짜 뉴스는 보고만 있기엔 너무 큰 피해와 위험성이 도사리고 있어요. 가짜 뉴스 탓에 인지 자원이 낭비되고 있지요. 가짜를 진짜로 믿으면서 생기는 오해와 갈등을 생각해 보세요. 게다가 가짜 뉴스는 사회적 갈등뿐만 아니라 집단 혐오, 증오를 부추기지요. '5.18 민주화 운동 당시 북한 특수군이 내려왔다' '세월호 유가족·피해자만 과도한 보상을 받는다' 등이 대표적인 사례입니다.

2021년 2월 13일, 규모 7.3의 강진이 일본을 강타했어요. 당시 일본에서 "조선인이 후쿠시마 우물에 독을 넣는 것을 봤다"는 글이 소셜 미디어를 타고 번졌습니다. 트위터에는 '재일 코리안 도둑을 조심하라' 등의 차별적인 글도 적지 않았지요. 가벼운 장난 글에 호들갑을 떨 필요가 없다는 일본인도 있었지만, 가볍게 볼 일이 아닙니다.

역사적 사례를 들여다볼까요? "조선인들이 우물에 독약을 탔다." 1923년, 일본의 관동 대지진 때 퍼진 의도적인 유언비어입니다. 지진 피해로 민심이 흉흉해지자 일본 정부는 "재난의 혼란함을 틈타 이득을 취하려는 무리가 있다. 조선인들이 방화와 폭탄 테러, 강도 등을 벌이고 있으니 주의하라"라는 지시를 각 경찰서에 내려보냈어요. 물론 전혀 근거 없는 이야기였지요. 이후 수천 명의 조선인이 학살당했어요. 가짜 뉴스가 위험한 이유입니다.

오늘날에도 이런 일은 일어납니다. 앞서 소개한 로힝야족 사람들 기억나죠? 로힝야 사람들이 미얀마 군대에 의해 고통받은 배경에도 가짜 뉴스가 있었죠. 로힝야 사람들이 테러를 저질렀다거나 여성을 성폭행했다는 뉴스는 가짜였습니다. 이런 가짜 뉴스가 혐오와 폭력을 합리화했습니다.

규제할 수 있어요

사람마다 가짜 뉴스를 다르게 정의하곤 해요. 기존 언론사의 형편없는 뉴스를 가짜 뉴스로 보는 사람도 있어요. 이렇게 정의가 제각각이다 보니 가짜 뉴스를 규제할 수 없다고 말하기도 해요. 그러나 할 수 없는 일은 아니에요. 가짜 뉴스의 범위와 정의에 대해 사회적 합의를 끌어내고 이를 기반으로 관련 규정을 만들면 돼요. 온라인상의 표현물을 규제하는 독일의 '네트워크 집행법'은 반헌법적인 프로파간다(선전·선동), 인종 혐오, 나치 찬양 등 22개 항목을 불법 내용물로 정해 놓고 삭제합니다.

꼭 법적 처벌만 있는 것은 아니에요. 자율적 규제도 있지요. 유튜브는 언론이 아니기 때문에 콘텐츠의 객관성과 공정성을 강요하지 않습니다. 그렇다고 아무 콘텐츠나 올릴 수 있는 것은 아니에요. 유튜브는 2019년부터 정치적 편향성, 욕설, 폭력, 혐오 영상 등에 '노란 딱지'를 붙이기 시작했어요. 내용이 과도하게 선정적·폭력적이거나 명예 훼손, 저작권 침해 등 위법적일 때 이 딱지를 붙여 조회 수가 높아도 수익이 나지 않도록 했지요.

어떤 이들은 표현의 자유를 내세우며 가짜 뉴스조차 옹호하기도 합니다. 그러나 표현의 자유는 약자나 소수자의 권리로써 의미가 있어요. 강자나 다수자는 표현의 자유를 마음껏 누리지만, 약자나 소수자는 그렇지 않아요. 그들에게 표현의 자유는 자기 권리를 지키기 위한 전제 조건입니다. 다른 권리를 실현하려면 표현의 자유가 필요하거든요. 생존권, 평등권, 노동권, 참정권 등의 권리 실현을 위해 소수자는 자신의 권리를 주장하고 요구할 수 있어야 합니다. 표현의 자유가 보장돼야 자기 권리를 주장하고 요구할 수 있겠죠. 그러나 가짜 뉴스는 이러한 가치와 무관합니다.

규제를 넘어 징벌적 손해 배상도 필요해요

물론 유명 정치·시사 유튜버들이 종종 명예 훼손으로 수사를 받고 거액의 손해 배상 청구 소송을 당하기도 합니다. 문제는 기자나 언론사는 명예 훼손죄로 처벌받을 가능성이 작다는 거예요. 가짜 뉴스로 인해 피해를 봤을 때, 구제 요청을 하더라도 이길 확률이 낮지요.

언론중재위원회에 따르면 2019년 매체별 민사 소송은 334건, 언론중재위원회의 조정 사건은 3,544건으로 둘 다 10년간 세 배가량 늘었어요. 그러나 손해 배상액은 너무 적습니다. 언론중재위원회의 '언론 관련 판결 분석 보고서'에 따르면 2009~2018년까지 언론사나 언론인을 상대로 한 손해 배상 소송에서 손해 배상액은 500만 원 이하가 47.4%나 됐습니다. 500만 원~1,000만 원이 23.4%, 1,000만 원~2,000만 원이 14%였습니다. 5,000만 원 이상은 겨우 4.9%에 불과했지요.

징벌적 손해 배상제가 절실한 이유입니다. 징벌적 손해 배상제란 가해자의 행위가 남을 해하려는 의도가 있을 때 실제 손해액보다 더 큰 배상액을 부담시키는 제도예요. 억대 수익을 올리는 유튜버나 기성 언론 입장에서 수백만 원의 배상금은 속된 말로

'껌값'에 불과해요. 더 많은 돈을 벌기 위한 필요 경비일 뿐이지요. 징벌적 손해 배상제가 없는 상황에서는 돈 되는 가짜 뉴스의 생산과 전파를 자제할 리 없습니다.

아니야, 규제만으로 가짜 뉴스를 없앨 수 없어

가짜가 진짜가 될 수도

오늘날의 기준으로 본다면 지구가 움직인다는 지동설은 가짜 뉴스였어요. 우주가 지구를 중심으로 돈다는 천동설이 진리였으니까요. 지동설을 주장한 코페르니쿠스, 갈릴레이 등은 모두 당시에 가짜 뉴스 유포자였지요. 사실이 비교적 명확한 과학적 진실도 들여다보면 무수한 쟁점이 있고, 진실을 판단하기 쉽지 않을 때가 있어요.

과학적 사실은 그나마 진짜와 거짓이 분명하지만, 사회에서 발생하는 무수한 사건과 이슈는 진실이 무엇인지를 판단하는 것이 쉽지 않을 때가 많지요. 특히 정파적 갈등이 날카롭게 부딪치는 사안에서 같은 이슈를 둘러싸고 상반된 정보와 해석, 주장이 충돌할 때가 많습니다. 이럴 때 무엇이 진실이고 어느 주장이 타당한지 판단하기 쉽지 않지요.

5.18 민주화 운동에 참여한 시민은 당시 기준으로 보자면 '폭도'였습니다. 1980년 당시에 광주 시민을 '민주 시민'이라고 보도했다면 가짜 뉴스라고 매도당했을 거예요. 거의 모든 언론이 '폭도'라고 보도했으니까요. 희생당한 광주 시민들이 '폭도'에서 '민주 열사'로 바뀌는 데는 17년의 세월이 걸렸어요. 이처럼 가짜라고 여겼던 것이 진짜가 되기도 합니다. 가짜 뉴스를 함부로 처벌해선 안 되는 이유입니다.

규제 자체가 쉽지 않아요

가짜 뉴스를 규제하려면 가짜 뉴스가 무엇인지, 누가 이를 판단할지 결정해야 해요. "내가 하면 진짜 뉴스, 남이 하면 가짜 뉴스"라는 말이 나돌 정도로, 진영*이 다르면 상대 의견을 가짜 뉴스로 매도하는 것이 일반적입니다. 어떠한 표현에서 의견과 사실을 구별하는 것부터 쉽지 않고, 진실과 거짓을 판단하는 일은 더욱 어렵습니다. 가짜 뉴스의 정의(定義)와 범위에 대해 사회적 합의를 끌어내고 이를 기반으로 관련 규정을 만들기가 쉽지 않지요.

가짜 뉴스 규제 법안들은 대체로 "정치적 또는 경제적 이익을

진영 정치적·사회적·경제적으로 구분된 서로 대립되는 세력의 어느 한쪽.

위하여" "거짓 또는 왜곡된 사실"을, "언론 보도로 오인하게 하는" 내용의 정보를 규제 대상으로 정의해요. 그러나 "정치적 또는 경제적 이익을 위하여"라는 목적은 지나치게 포괄적이고 추상적이에요. 포괄적이고 추상적인 정의는 자칫 자의적인 판단과 규제로 이어질 수 있지요. 법이 규제하는 대상이 모호할 때 그 법은 기능 을 충실히 수행할 수 없습니다. 오히려 혼란만 일으키지요. 헌법은 법을 만들 때 '명확성의 원칙'을 요구합니다. 무엇이 죄인지 분명하지 않으면 국민이 법을 지키기 어렵습니다. 검사와 판사 역시 법률을 자기 뜻대로 해석해 판단할 여지가 커져 국민의 기본권을 침해할 수 있습니다.

어설픈 규제는 자칫 부작용만 낳을 수 있어요. 싱가포르는 2019년 허위 조작법을 도입해서 정부가 악의적이고 반공익적이라고 판단한 게시물에 대해서 삭제 명령을 내릴 수 있게 했어요. 명령을 따르지 않은 기업은 최대 100만 싱가포르 달러(한국 돈 약 8억 원)의 벌금을 물어야 하지요. 그런데 싱가포르 정부가 법 제정 이후 한 달 가까운 기간에 적용한 네 건의 사례는 정부에 비판적인 야당과 인사들의 SNS 게시글이었습니다.

규제보다 미디어 리터러시

가짜 뉴스를 전부 규제하는 것은 가능하지도 않거니와 바람직하지도 않아요. 가짜 뉴스가 걱정된다고 스마트폰과 소셜 미디어를 쓰지 못하게 할 수도 없는 노릇이지요. 교통사고로 인한 인명 피해가 크니 자동차를 없애자는 주장이 황당한 것과 비슷하니까요.

가짜 뉴스는 뿌리 뽑을 수 없어요. 뉴스가 있는 곳이라면 반드시 가짜 뉴스도 있기 마련이에요. 앞서 살펴본 법적 규제와 자율 규제는 모두 한계를 안고 있어요. 법적 규제는 가짜 뉴스를 어떻게 정의할지, 누가 가짜 여부를 판단할지가 문제예요. 자율 규제는 헌법이 금지한 사전 검열의 문제에서 자유롭지 않고 현실적으로 모든 콘텐츠를 확인할 수 없다는 한계가 있어요. 팩트 체크 역시 사후 조치라는 한계를 안고 있죠. 법적 규제든 자율 규제든 규제만으로 가짜 뉴스를 다 차단할 수 없습니다.

그렇다면 남은 해법은 무엇일까요? 결국 소비 단계에서 가짜 뉴스를 차단하는 거예요. 가짜 뉴스를 잡아내기란 쉽지 않아요. 가짜 뉴스는 스스로 '가짜'라고 말하지 않으니까요. 오히려 진짜보다 더 진짜처럼 보이지요. 많은 사람이 두 눈 멀쩡히 뜨고 당하는 이유입니다.

가짜 뉴스를 뿌리 뽑으려는 노력보다 가짜 뉴스를 비판적으로 보는 안목을 길러야 해요. 보이는 그대로 믿지 않고 사실인지, 믿을 만한지 꼼꼼히 따져 보는 안목 말이에요. 가짜 뉴스가 아무리 많이 만들어져도 사람들이 보고 듣지 않으면 그만입니다. 아무도 보고 듣지 않는다면 가짜 뉴스는 퍼지지 않고 사라집니다.

넘쳐나는 정보와 뉴스 속에서 허위 정보, 가짜 뉴스를 가려내는 능력을 '미디어 리터러시(media literacy)'라고 합니다. 리터러시는 문해력(文解力), 곧 글을 읽고 이해할 수 있는 능력이에요. 미디어 리터러시를 갖춘다면 기성 언론은 물론 SNS, 유튜브 등을 통해 접하는 수많은 정보를 어떻게 받아들여야 할지 냉철하게 판단할 수 있어 가짜 뉴스에 잘 속지 않을 거예요.

쟁점 정리

그래, 가짜 뉴스는 규제해야 해	아니야, 규제만으로 가짜 뉴스를 없앨 수 없어
가짜 뉴스의 위험성이 매우 심각해요.	때때로 가짜가 진짜가 되기 때문에 규제에 신중해야 해요.
사회적 합의만 있다면 가짜 뉴스는 충분히 규제할 수 있어요.	가짜 뉴스를 규제하는 것은 현실적으로 어려워요.
징벌적 손해 배상이 필요해요.	규제보다는 미디어 리터러시가 더 필요해요.

오쌤의 한마디

가짜 뉴스 규제, 섬세한 접근이 필요해요

14세기, 유럽에 흑사병이 돌 무렵, 유대인 박해를 위해 '유대인이 우물에 독을 탔다'는 가짜 뉴스가 동원되었어요. 흑사병을 퍼트렸다는 혐의로 유대인을 구덩이에 넣고 산 채로 불태웠지요. 앞서 이야기했듯 나치 정권 이인자였던 요제프 괴벨스는 라디오를 통해 유대인에 대한 가짜 뉴스를 퍼트렸어요. 유대인 때문에 독일 경제가 나빠지고 있다는 허위 뉴스를 반복적으로 보도해 독일인이 유대인에게 적개심을 갖도록 부추겼지요. 유대인에 대한 혐오는 차별로 이어졌고, 더 나아가 학살까지 벌어졌어요. 제2차 세계 대전 때 독일 나치는 600만여 명의 유대인을 학살했습니다.

이런 사례만 보면 가짜 뉴스를 무조건 규제해야 할 것 같아요. 그러나 가짜 뉴스 규제 역시 앞서 살펴본 혐오 표현처럼 '표현의 자유'에 걸립니다. 표현의 자유를 둘러싼 윤리학에서 존 스튜어트 밀을 빼놓을 수 없을 텐데요. 앞에서 이미 지적한 것처럼 존 스튜어트 밀은 《자유론》에서 "남에게 해를 끼치지 않는다면 사상과 표현의 자유를 조건 없이 누릴 수 있어야 한다"라고 주장했어요. 밀은 '표현의 자유'에 타인에게 해를 끼치면 안 된다는 단서를 달았어요. 타인에게 해를 끼치는 표현은 '표현의 자유'로 보호하기 어려울뿐더러 규제해야 마땅하다는 겁니다.

무엇이 가짜 뉴스인지에 대해서는 사람마다 의견이 다를 수 있지만, 많이들 인정하는 기준 중 하나는 '누군가를 속여 해를 입힐 목적'이에요. 가짜 뉴스는 분명 타인에게 해를 가할 목적을 지니고 있어요. 사회적으로도 심대한 해를 불러일으키고요. 따라서 거짓말을 마구 떠들며 타인에게 해를 입히는 행위를 '표현의 자유'로 보호해야 할 이유는 없어요.

가짜 뉴스가 '표현의 자유'로 보호받을 수 없는 근본적인 이유는 거짓이어서가 아니에요. 사람들의 판단을 왜곡하고 사회에 혼란을 주기 때문도 아니고요. 거짓된 정보가 잘못이 없는 사람에게 고통을 줄 수 있기 때문이지요. '잘못이 없는 사람'이라고 해서 모두 똑같지는 않습니다. 가짜 뉴스는 강자와 권력자보다 약자와 소수자에게 더 큰 고통을 줍니다. 약자와 소수자는 자신을 지킬 수단이 부족합니다. 그들을 지켜 줄 사회적 안전망도 튼튼하지 못하죠. 약자와 소수자가 거짓 정보로 더 고통받는 이유입니다. 대개 약자와 소수자는 더 많은 보호가 필요합니다. 이는 가짜 뉴스 문제에서도 마찬가지입니다.

물론 이것이 가짜 뉴스를 무조건 처벌해야 한다는 논리로 바로 이어지는 것은 아니에요. 거짓말을 하는 것은 분명히 잘못입니다. 그렇다고 거짓말한 사람을 무조건 처벌하진 않지요. 도덕적으로 비난할 순 있겠지만요. 거짓말이 타인에게 구체적인 손해를 끼쳤을 때 거짓말은 처벌 대상이 돼요. 가령 사기처럼요. 거짓으로 남을 속여 이익을 꾀하고 남에게 손해를 입히면 사기죄가 성립해요.

미국 인디애나주의 도시 게리에서는 마늘을 먹고 네 시간 안에 대중교통을 이용하면 벌금을 물려요. 게리에서는 독한 마늘 냄새가 범죄지요. 아칸소주에서는 남편이 한 달에 한 번 아내를 때려도 되며, 아이오와주에서는 키스 시간이 5분을 넘기면 안 됩니다. 뉴저지주에서는 경찰에게 얼굴만 찌푸려도 과태료를 부과하지요. 이 모든 게 법으로 규정돼 있답니다. 믿기지 않지요? 이처럼 언제나 규제가 능사일 수는 없어요.

가짜 뉴스도 섬세한 접근이 필요해요. 규제를 도입한다면 그 범위는 되도록 좁히는 게 좋습니다. 이를테면 사회적 약자와 소수자를 향한 혐오 표현으로 제한할 수 있겠지요. 피해자를 특정할 수 없는 소수 집단에 대한 혐오 표현의 경우 사회에 해악을 끼치는 가짜 뉴스임에도 국내에서는 현행법으로 규제할 방법이 없습니다. 그럼 어떤 식으로 규제가 이뤄져야 할까요? 가짜 뉴스 규제는 다음의 세 가지 원칙에 따라 이루어져야 합니다.

① 국가의 직접적인 개입은 최소화해야 합니다.

② 공인, 권력 기관과 관련된 뉴스는 엄격히 규제하지 않아도 됩니다.

③ 사회적 약자와 소수자에게 피해를 주는 가짜 뉴스는 엄격히 규제해야 합니다.

지구 기온이 해가 갈수록 높아지고 있어요. 개인의 노력만으로는 이를 해결할 수 없어요. 전 지구적 문제인 기후 위기를 해결하려면 어떻게 해야 할까요? 어떤 행동이 필요한지 윤리적으로 따져 봐요!

환경 문제 윤리적으로 바라보기

예쁜 옷이
지구촌을 망칠까?

2021년 1월, 청소년 기후 운동가 그레타 툰베리는 "새 옷을 사지 않겠다"라고 선언했어요. 툰베리는 주변에 "필요하지 않은 옷이 있는지, 옷을 빌릴 수 있는지 물어보겠다. 필요하지 않은 옷을 살 필요가 없으니 희생이라 생각하지 않는다"라고도 했지요. 툰베리는 왜 이런 선언을 했을까요? 의류 산업 역시 기후 위기와 밀접한 관련이 있는 데다 이른바 '패스트 패션'이 세계적 대세가 되면서 의류 쓰레기도 엄청나게 쌓이고 있기 때문이에요. 다들 햄버거 같은 패스트푸드는 잘 알 거예요. 주문하면 즉시 나오니까 바쁠 때는 이만한 음식이 없지요. 패스트 패션도 마찬가지예요. 유행을 '빠르게' 반영해서 '빠르게' 생산하고 '빠르게' 유통하는 옷이 패스트 패션입니다.

2018년, 유엔유럽경제위원회(UNECE)는 "전 세계 탄소 배출량의 10%가 의류·신발 등 글로벌 의류 산업에서 배출된다. 또 의류 산업은 세계에서 두 번째로 물 사용량이 많은 산업으로, 전체의 20%를 차지한다. 면 셔츠 한 벌을 만드는데 2,700리터의 물이 필요하다. 이는 한 사람이 2.5년 동안 마실 수 있는 물이다"라고 밝혔어요.

이렇게 생산되는 옷 중 상당수는 '패스트 패션'이라는 이름에 걸맞게 빠르게 생산·판매된 뒤 빠르게 버려져요. 글로벌 순환 경제 네트워크인 '엘렌 맥아더 재단'에 따르면 매년 전 세계에서 1,500억 벌의 옷이 만들어지고, 해마다 9,200만 톤의 옷이 버려집니다. 어느 정도인지 감이 잘 안 오죠? 5톤짜리 어른 코끼리 1,840만 마리와 같은 무게지요. 그런데 폐기된 옷 가운데 13%만이 재활용된다고 해요.

전 세계적으로 기후 위기와 제로 웨이스트(쓰레기 최소화)에 대한 관심이 커지면서 불필요한 옷 소비, 패스트 패션 문화를 꺼리는 움직임이 나타나고 있어요. 국내에도 새 옷을 사지 않는 '노 쇼핑족'이 등장했지요. 한 계절이 지나면 장롱에 처박히고 결국 버려지는 옷을 보며 과도한 옷 소비를 그만두기로 마음먹은 이들입니다. 인스타그램, 유튜브 등 소셜 미디어에는 의류 쇼핑을 줄이려

는 노력을 기록하거나 관련 정보를 공유하는 게시물이 여럿 올라와 있어요.

유럽연합(EU)은 패스트 패션 기업들에 대한 규제안을 마련할 계획이에요. 유럽연합집행위원회는 2022년 3월 30일, 2030년까지 유럽 내 패스트 패션을 종식하겠다는 뜻을 밝혔어요. 전 세계 의류 시장을 장악한 자라, H&M 등 패스트 패션 브랜드를 겨냥해 '옷을 일회용품처럼 사용한다'고 경고하며 규제안 마련에 나서겠다는 의지를 표명했지요. 2030년까지 의류 생산에 일정 비율 이상의 재활용 섬유 사용을 의무화하고, 팔리지 않은 재고품 폐기를 금지하는 규정안을 계획하고 있고요. 또 새 규정은 미세 플라스틱 배출을 억제하고, 전 세계적으로 의류 산업 시장의 노동 조건을 개선하는 데도 초점을 맞출 전망입니다. 유럽연합의 경고처럼 패스트 패션이 지구촌을 망치고 있을까요?

그래, 패스트 패션이 지구촌을 망치고 있어

옷이 환경을 망쳐요

옷의 품질보다는 유행하는 디자인, 저렴한 가격이 특징인 패스트 패션은 의류 회사가 생산부터 소매·유통까지 직접 책임져요. 재고를 줄이고, 매장에 가장 빠르게 진열하는 이런 방식을 '자가 상표 부착 유통(SPA)'이라고 부르지요. 패스트 패션의 전략은 간단합니다. '때를 놓치지 않고 옷을 자주 바꿔서 가능한 한 많이 판다'입니다.

패스트 패션이 불러온 폐해 가운데 하나는 옷을 일회용품으로 취급하는 문화입니다. 매킨지 연구소의 보고서에 따르면, 옷은 평균 7~8번 입고 버려지고 옷장에 보관되는 기간도 15년 전에 비해 절반으로 줄었어요. 옷의 수명이 짧아진 만큼 소비자는 더 많은 옷을 사요. 유엔 유럽경제위원회에 따르면 2000년 이후, 세계 의류 생산량은 약 두 배가량 늘었다고 합니다. 필요 이상으로 많이 만들어져 빠르게 소비된 의류는 빠르게 버려집니다.

해마다 의류 산업에서 배출하는 이산화 탄소는 세계 전체 배출량의 10%를 차지합니다. 이는 국제 항공 및 해상 운송을 전부 합친 것보다 많은 양이에요. 옷을 만들 때 들어가는 물의 양도 어마어마합니다. 물 소비량만 놓고 보면 의류 산업은 전 세계에서 두 번째로 많답니다. 연간 1조 5,000억 리터에 이르는 것으로 추정하지요. 가령 청바지 한 벌을 만들 때 7,000리터의 물을 소비해요. 7,000리터면 4인 가족이 6일 정도 쓸 수 있는 양이에요.

의류 산업은 단지 소비하는 물의 양만 많은 게 아니에요. 의류 산업계가 배출하는 폐수가 전 세계 폐수의 20%를 차지합니다. 옷을 만들 때 사용했던 화학 물질이나 독성 염료가 물과 토양을 오염시키지요. 화학 섬유가 땅에 묻혀 분해되는 과정에서 메탄이 지하수로 스며들 수도 있어요. 옷을 소각할 때 발생하는 오염 물질은 대기를 오염시키지요. 물과 토양과 대기가 오염되면 당연히 생태계에도 악영향을 미쳐요. 이처럼 의류는 생산과 폐기의 모든 과정에서 환경에 큰 부담을 줍니다.

전 세계에서 생산되는 의류는 연간 약 1,500억 벌이나 돼요. 그중 약 70%는 매립되거나 소각되어 폐기됩니다. 물론 의류 폐기물은 소비자에 의해서 발생하

기도 하지만 기업에 의해서도 발생하지요. 의류를 만들 때 사용하는 원료의 60% 이상이 플라스틱이기 때문에, 버려진 의류가 썩는 데까지는 오랜 시간이 걸립니다. 그 자체로 골칫거리지요.

노동 착취도 문제예요

패스트 패션 기업의 목표는 제품 가격을 최대한 낮춰서 옷을 빨리, 많이 판매하는 거예요. 패스트 패션 기업들의 경쟁이 뜨거워지면서 원가를 줄이려는 노력도 더욱 치열해지고 있어요. 그 때문에 패스트 패션 기업들은 베트남, 방글라데시 같은 개발 도상국에서 옷을 만들어요. 임금이 싸기 때문이지요. 우리가 값싼 옷을 손쉽게 살 수 있는 이유예요.

패스트 패션의 가장 큰 피해자는 옷을 만드는 노동자입니다. 많은 노동자가 열악한 환경에서 힘들게 일하지만 돈은 조금 받아요. 예를 들어 방글라데시의 비숙련 봉제 노동자가 받는 임금은 월 10만 원 정도라고 알려졌습니다. 학교에 있어야 할 어린이들이 옷이나 신발 공장에서 일하기도 해요. 비즈(작은 구슬)나 스팽글(반짝이는 조각) 등 옷에 달린 장식은 가난한 나라의 아이들이 붙였을 가능성이 커요.

어린이가 어른보다 손재주가 좋아서일까요? 아니에요. 어른보다 돈을 적게 주고도 일을 많이 시킬 수 있기 때문입니다. 어린 노동자는 부당한 대우를 당해도 선뜻 항의하지 못해요. 그래서 기업은 어린 노동자에게 더 힘든 일, 더 많은 일을 시켜요. 인권 침해가 자주 발생하는 이유지요.

2007년, 미국 의류 브랜드 '갭'의 인도 하청 공장에서 열두 살 남짓의 아이들이 일하다가 발각됐어요. 그 아이들은 새벽부터 밤까지 최소 열여섯 시간을 재봉틀에 붙어서 일했지요. 오래전 일이 아닙니다. 베트남, 온두라스, 방글라데시, 우즈베키스탄 등 많은 개발 도상국에서 지금도 벌어지는 일이에요.

2013년 4월 24일, 방글라데시 수도 다카에서 8층짜리 건물인 라나 플라자가 무너지는 큰 사고가 발생했어요. 건물이 무너지는 시간은 단 3분이었는데, 사망자가 1,134명, 부상자가 2,500명이 발생했지요. 국제시민단체인 '액션 에이드'가 생존자 1,436명을 대상으로 조사한 결과 202명이 18세 이하 아동이었어요. 7명 중 1명이 아이들이었던 거예요. 다행히 최근에는 의류 회사가 안전한 노동 환경을 만들고 적정한 임금을 지불해야 한다는 목소리가 조금씩 힘을 얻고 있답니다.

아니야, 패스트 패션의 문제가 아니야

소비자와 기업이 문제예요

패션이 무슨 잘못인가요? 패션도, 패스트 패션도 그 자체는 문제가 아니에요. 교통사고가 많이 발생해 사람이 입는 피해가 크다고 해서 자동차가 문제일까요? 그건 운전자 탓이지요. 운전자의 잘못을 마치 자동차의 잘못인 양 덮어 버려선 안 됩니다.

패스트 패션도 마찬가지예요. 패션 자체의 문제가 아니라 소비자와 기업의 문제입니다. 멀쩡한 옷을 버리는 소비자, 멀쩡한 옷을 폐기하는 기업이 문제의 핵심입니다. 많은 소비자가 멀쩡한 옷을 아무렇지 않게 버립니다. 기업도 판매되지 않은 옷을 무더기로 버립니다. 어차피 재고로 쌓아 둔다고 다시 판매된다는 보장이 없고, 재고 관리 비용도 만만치 않으니까요. 기업 입장에서는 재고를 폐기하고 유행에 맞춰 신상품을 빨리 내놓는 게 더 이익입니다. 그 결과가 바로 거대한 산이 된 의류 쓰레기입니다.

'지속 가능한 패션'이라는 말, 들어 봤나요? 지속 가능한 패션은 환경을 오염시키지 않는 친환경 원료를 사용하고, 경제 사슬에 얽혀 있는 관계자 모두(노동자, 하청 업체 등)가 정당한 이익을 얻도록 합니다. 친환경 패션이나 유행을 타지 않는 깊이 있는 멋을 추구하는 '슬로 패션(Slow Fashion)'이 그중 하나지요. 그런데 친환경 패션은 아무 문제가 없을까요? 친환경 소재로 가장 많이 언급되는 것 중 하나는 면이에요. 전 세계의 경작지 중 면을 생산하는 땅의 비율은 3%인 반면에 살충제 소비량은 24%에 이릅니다. 우즈

아랄해의 1989년(왼쪽)과 2008년(오른쪽) 모습. 왼쪽 사진의 어두운 부분이 물이 있던 곳으로, 오늘날 아랄해는 오른쪽 사진의 녹색 부분 정도만 물이 남아 있다.

베키스탄의 아랄해는 지금은 거의 말라 버려 원래 크기의 10분의 1 정도만 남아 있어요. 지난 50년간 목화를 생산하기 위해 호수 물을 끌어다 쓴 탓이지요.

면화는 또 다른 문제를 안고 있어요. 1990년 초부터 인도 농촌 각지에서 농민들이 잇따라 자살하는 일이 벌어졌어요. 2006년 한 해 동안만 무려 1만여 명의 농민이 스스로 목숨을 끊었지요. 직접적인 이유는 빚 때문이었지요. 왜 농민들은 빚을 지게 됐을까요? 농업 시장을 개방하면서 값싼 수입 면화가 들어오자 농민들은 미국산 유전자 변형 종자를 심었어요. 농약이 필요 없고 생산량이 늘어날 거라는 홍보를 철석같이 믿고 말이죠. 그런데 실제로는 농약을 더 많이 써야 했고, 그 결과 많은 농민이 빚더미에 올라서 연쇄 자살을 택하는 비극이 벌어졌어요.

면화 생산 원가는 지금도 계속 오르고 있어요. 인도의 면화 농가가 지불하는 생산 원가는 2005년과 비교해 2016년에는 2배 넘게 늘었습니다. 이처럼 지속 가능한 패션이라고 무조건 좋기만 한 게 아니에요.

패스트 패션은 의류의 평등에 기여해요

패스트 패션의 이점도 생각해 보아야 해요. 패스트 패션 기업이 가난한 노동자를 착취만 하는 건 아니에요. 개발 도상국에는 늘 일자리가 부족해요. 일하고 싶어도 일하지 못하는 사람이 천지입니다. 그들에게는 그나마 그런 일자리라도 있는 게 더 낫지 않을까요?

물론 노동자들에게 합당한 임금과 대우를 할 필요가 있습니다. 그 사실을 부정하는 게 아니에요. 그런 일자리가 많이 생기기 전까지는 현실적으로 열악한 환경과 대우를 받는 일자리라도 필요하지 않느냐는 겁니다.

합리적인 가격을 유지한다는 점도 패스트 패션의 장점이에요. 가격 대비 기능이 우수하고 품질이 좋지요.

저렴함(Acceptable), 신속성(Speed), 실용성(Practicality), 패션성(Fashion) 등은 패스트 패션만의 강점으로 꼽혀요. 싸게 생산하기 때문에 소비자에게 싸게 공급할 수 있지요. 또한, 싼 만큼 가난한 사람들도 최신 유행 의류를 비교적 저렴하게 구매할 수 있어요.

완벽하진 않더라도 '지속 가능한 패션'이 환경에 좀 더 이로울 수 있다는 점은 인정해요. 문제는 접근성입니다. 친환경 소재를 사용하면 옷값은 비싸질 수밖에 없어요. 가격이 부담되고 그에 따라 접근성이 떨어지기 때문에 '지속 가능한 패션'에 다가가기 어려워하는 소비자층이 분명히 있어요. 가난한 나라일수록 그런 소비자는 더 많겠지요.

패스트 패션은 '의류의 평등'을 불러옵니다. 형편이 넉넉지 않아도 싼값에 최신 유행 의류를 누릴 기회를 많은 사람에게 평등하게 제공하지요.

쟁점 정리

그래, 패스트 패션이 지구촌을 망치고 있어	아니야, 패스트 패션의 문제가 아니야
패스트 패션은 환경을 더럽히고 생태계를 파괴해요.	진짜 문제는 패스트 패션이 아니라 소비자와 기업이에요.
패스트 패션은 누군가의 눈물로 만들어져요.	패스트 패션은 의류의 평등에 기여해요.

오쌤의 한마디

차가운 악

나쁜 의도를 가지고 한 행동이 나쁜 결과를 낳는다면 나쁜 행동입니다. 그렇다면 나쁜 의도 없이 한 행동이 나쁜 결과를 낳는다면 나쁜 행동일까요, 아닐까요? 나쁜 행동이라고 비난하긴 어려울 겁니다. 법적 처벌은 더더욱 불가능하고요. 그렇지만 당사자가 그 행동이 나쁜 결과를 낳는다는 사실을 알았다면 그 행동을 당장 멈춰야 하지 않을까요? 자기 행동이 계속 누군가에게 피해를 준다면 말이지요.

전 세계적으로 패스트 패션 브랜드의 성장과 함께 의류 생산량은 증가하지만 가격은 낮아졌어요. 패스트 패션은 어떻게 그토록 쌀까요? 한꺼번에 많은 양을 생산하기 때문이기도 하지만, 저렴한 소재를 사용하고 인건비가 싼 곳에서 생산하기 때문입니다. 소비자 입장에서는 환영할 일이지만, 노동자의 임금이 낮아지고 환경 처리 비용이 늘어나는 등 부작용도 만만치 않아요. 소비자가 값싼 옷을 무분별하게 구매한 대가로 개발 도상국 노동자들은 비인간적인 노동 환경에서 일하고, 지구는 아파하고 있어요.

싼 옷값의 결과로 누군가 비싼 대가를 치러야 해요. 우리가 꼭 나쁜 의도를 가지고 그렇게 한 건 아니지요. 그렇다면 문제가 뭘까요? 더 많이 소비하고, 더 많이 소유하려는 우리의 태도가 문제랍니다. 사상가 카를 마르크스는 "그들은 자신이 하는 일을 알지 못하면서 그렇게 한다"라고 했습니다. 독일 철학자 페터 슬로터다이크는 마르크스의 말을 살짝 비틀어 이렇게 말했습니다. "그들은 자신이 하는 일을 잘 알지만, 여전히 그렇게 행동한다."

누구나 지구 환경이 점점 더 나빠지고 있다고 느껴요. 상황이 더 나빠져서는 안 된다는 점도 모르지 않지요. 그런데도 일상적으로 환경을 파괴하는 데 동참해요. 세계적인 경제학자 제레미 리프킨은 이를 '차가운 악(cold evil)'이라고 부릅니다. 나쁜 동기에서 저지른 살인이나 도둑질 같은 범죄를 '뜨거운 악'이라고 한다면, 합법적인 제도 안에서 발생하는 악을 '차가운 악'이라고 하죠. 가령 나쁜 의도가 없더라도 자동차를 많이 타 환경을 파괴하는 데 이바지하는 식이죠.

"너희 행위의 결과가 인류의 지속과 조화될 수 있도록 행위하라." 철학자 한스 요나스는 '책임 윤리'를 강조했어요. 요나스는 우리가 책임 윤리에 따라 행위할 때 현세대뿐만 아니라 미래 세대, 그리고 생태계 전체가 계속될 수 있다고 말하지요. 요나스는 우리의 행위가 가져올 최악의 결과를 상상하고 행위할 것을 요구합니다. 최악의 상황을 상상하다 보면 당연히 내 행위가 영향을 미칠 자연과 타인과 미래 세대에 대해 책임감을 느끼지요. 즉 인간만을 생각하는 책임이 아니라 생태계 전체를 생각하는 책임으로, 또한 현재와 우리 사회만을 고려하는 책임이 아니라 미래와 지구를 배려하는 책임으로, 책임의 범위가 커져요. 즉 '책임 윤리'에 따르면 우리의 책임은 내가 한 행동만 책임지는 인과적이며 사후적인 책임이 아니라 내가 마땅히 해야 할 행동에 대한 예방적이며 사전적인 책임으로 확장됩니다.

패스트 패션의 뒷모습, 즉 옷이 내게 오기까지의 과정을 생각해 볼 필요가 있어요. 소비자 입장에서는 유행하는 옷을 싼값에 살 수 있다면 합리적 소비로 생각해요. 그런데 개인의 관점에서 합리적인 선택이 사회적으로 반드시 합리적인 결과를 낳는 것은 아니에요. 경기가 좋지 않은 불황기에 소비를 줄이는 것은 개인 입장에서는 합리적인 선택이에요. 그러나 개인들이 소비를 줄일수록 불황의 늪은 더 깊어지고 오래가지요.

'합리적 소비'의 정의를 재확립할 필요가 있습니다. 민주주의 사회의 시민은 합리적인 개인(자기 이익을 극대화하는 선택을 하는 개인)을 뛰어넘어 사회적인 존재이고 연대에 의해 구성되는 존재예요. '민주 시민'이라면 개인의 소비 행위가 다른 사람이나 사회에 어떤 결과를 가져올지 고려하고 사회에 바람직한 방향으로 '의식적인 소비'를 해야 하지 않을까요?

패스트 패션 소비가 비윤리적이고 파렴치한 행위라고 말할 수는 없어요. 다만 패스트 패션보다 좀 더 윤리적인 소비는 있지요. '착한 소비'가 그중 하나예요. 착한 소비는 나만 생각하는 소비가 아닙니다. 소비자가 개별적, 도덕적 신념을 가지고 인간, 사회, 환경에 대한 사회적 책임을 실천하는 소비 행동입니다. 소비자가 개인의 이익만을 생각하지 않고, 자신의 소비가 이웃, 사회, 환경 등 더 넓은 범위에 어떠한 영향을 미치는

지 고려하여 의사 결정을 내리는 것이지요. 나만 생각하는 사람, 즉 나뿐인 사람은 나쁜 사람이라는 말이 있지요. 소비의 늪에 빠진 현대인이 가슴에 새겨야 할 말이 아닐까요?

사회 기여 소비	기부 소비하기	수익의 일부를 기부하는 상품
	생산자를 배려하는 소비하기	공정무역 제품 장애인·중소기업·농업인 생산 제품
환경 보호 소비	친환경 생산 제품 소비하기	저탄소 인증 제품 친환경 제조 제품 친환경 농법 제품 재활용 제품
	환경 오염 제품 멀리하기	친환경 포장 제품
동물 복지 소비	동물로 생산하는 제품 반대하기	모피·가죽 불매 육식 반대
	동물 복지 제품 소비하기	동물 실험 화장품 불매 가축의 윤리적 생산 추구

| 착한 소비 유형 |

환경을 위해 채식을 해야 할까?

미래의 자동차는 어떤 모습일까요? 언젠가 하늘을 날아다니는 자동차도, 스스로 운전하는 완전 자율 주행차도 나올 테죠. 그런데 미래에서 가장 먼저 도착한 자동차는 전기차예요. 갑자기 전기차가 대세가 된 느낌입니다. 왜 갑자기 전기차의 시대가 됐을까요? 싸서? 편리해서? 성능이 뛰어나서? 모두 아니에요. 싸거나 편리하거나 성능이 뛰어났다면 시장에서 알아서 전기차를 선택했겠죠. 지금은 시장이 아니라 정부가 자동차의 미래를 주도하고 있어요.

네덜란드와 노르웨이가 2025년, 독일, 인도, 이스라엘은 2030년, 프랑스, 스페인, 싱가포르, 대만은 2040년에 내연 기관 자동차*

의 판매를 금지하기로 했어요. 우리나라는 어떨까요? 서울시에서는 2035년부터 내연 기관 자동차는 등록이 불가능해요. 자동차 회사들도 여기에 발맞춰 내연 기관 자동차를 더 이상 생산하지 않을 계획이지요. 폭스바겐은 2029년부터 전기 자동차만 출시하고, 볼보와 포드도 2030년부터 전기 자동차만 출시합니다.

> **내연 기관 자동차**
> 엔진에 연료를 집어넣고 폭발시켜서 동력을 얻는 자동차예요. 휘발유, 디젤, LPG 등을 원료로 쓰지요.

이 모든 변화는 기후 때문에 벌어졌어요. 자동차와 기후라니. 선뜻 연결이 안 되죠? 지구의 기온이 빠르게 오르고 있어요. '지구 온난화'나 '기후 변화'라는 말을 들어 본 적 있나요? 지구 기온이 갈수록 올라가고 그로 인해 기후가 변하고 있다는 뜻이에요. 상황이 매우 심각합니다. 그래서 '기후 변화' 같은 온화한 표현 대

신 '기후 위기'나 '기후 재앙'으로 부르자는 목소리가 점점 커지고 있어요.

2019년 3월과 5월에는 전 세계 약 100개국에서 많은 어린이와 청소년이 참여하여 기후 변화 대응을 부르짖는 등교 거부 캠페인을 벌였어요. 기후 위기 해결에 동참하기 위해 '기후 급식'을 도입하는 학교들도 조금씩 생겨나고 있어요. 기후 급식은 고기 대신 채식 식단으로 구성된 급식이죠. 고기를 먹지 않는 것이 지구 환경에 이로울까요, 그렇지 않을까요?

그래, 환경을 위해서 채식을 해야 해

지구가 펄펄 끓어요

무려 반년이나 꺼지지 않고 이어진 최악의 산불이 났어요. 이 산불로 약 18만 6,000제곱킬로미터가 불탔어요. 한반도 면적(약 22만 제곱킬로미터)과 거의 맞먹는 크기예요. 2019년 9월 2일부터 이듬해 2월 13일까지 이어진 호주 산불이에요. 이 산불은 나라 전체 숲의 5분의 1 이상을 태우고 야생 동물 10억 마리 이상을 죽음으로 내몰았어요. 호주 산불(2019~2020년), 미국 서부 산불(2021년), 중국 남부 홍수(2020년), 서유럽 홍수(2021년), 시베리아와

캐나다 고위도 지방의 이상 고온 현상(2021년). 이 모두가 지구 기온이 급격히 오른 결과예요. 2023년 7월, 기후 관측 역사상 가장 높은 온도를 기록했지요. 이 기록은 계속해서 갱신되고 있어요.

지구 온난화로 무더위와 강추위, 빙하 해빙과 해수면 상승, 가뭄과 사막화, 집중 호우, 태풍 등 극단적인 기후 현상이 크게 늘어났어요. 우리나라만 해도 여름철이 길어지고 점점 무더워지고 있어요. 태풍도 점점 세지고 잦아지며, 집중 호우도 늘어나고요. 이런 극단적인 기후는 인간에게 큰 위협이에요. 또, 건조한 날씨로 인한 산불 증가, 높아지는 해수면에 따른 도시 변화, 가뭄과 사막화로 인한 물 부족, 기후 분쟁 등이 일어날 수 있어요.

산업 혁명* 이후로 공장과 기계가 크게 늘어났어요. 늘어난 공장과 기계를 가동하기 위해 석탄·석유·가스 등 화석 연료를 많이 태우면서 엄청난 양의 이산화 탄소가 쏟아졌지요. 화석 연료를 태울 때 온실가스인 이산화 탄소가 많이 나오거든요. 온실가스는 열을 대기권에 가둬서 지구를 따뜻하게 만들어요.

가축을 기르면서 발생하는 온실가스도 지구 온난화를 부추겨요. 식품 생산 과정에서 발생하는 온실가스 배출량은 전체 온실가스 배출량의

> **산업 혁명**
> 18세기 후반부터 100여 년 동안 유럽을 중심으로 소규모 작업장이 기계 설비를 갖춘 큰 공장으로 바뀌며, 생산 기술과 사회 조직이 뒤바뀐 것을 말해요.

4분의 1 이상을 차지하는데, 그중 80%가 축산업과 관련 있어요. 우유와 달걀까지 합치면 83%에 이르지요. 이는 자동차, 비행기 등의 교통수단이 내뿜는 것보다 많은 양이에요. 축산업은 사료를 재배하고 축사 온도를 유지하고 소나 돼지를 도축하는 과정에서 많은 에너지를 소비해요. 이 모든 과정에서 엄청나게 많은 온실가스가 배출됩니다. 에스토니아 같은 나라에서 2009년부터 소 방귀와 트림에 '방귀 세금'을 매기는 이유입니다.

육식이 지구를 망쳐요

소먹이인 대두를 키우는 땅이 늘어나면서 아마존 밀림이 사라지고 있어요. 소고기 1킬로그램을 생산하는 데 7~16킬로그램의 사료가 들어요. 육류 소비가 전 세계적으로 증가하면서 사료 생산을 위한 경작지를 마련하려고 숲을 불태우고 있지요. 그린피스와 세계식량기구에 따르면 1990년 이후 사라진 열대 우림의 70~90%는 축산업 때문이라고 해요. 현재 열대 우림의 17% 정도가 사라졌어요. 지금도 매초 약 4,000제곱미터의 열대 우림이 사라지고 있지요. 학교 운동장 크기만큼 사라지는 거예요.

전 세계에서 생산되는 곡물의 3분의 1가량이 가축을 먹이기 위해 쓰여요. 소고기 1인분을 얻기 위해서 22명이 먹을 수 있는 곡물 사료를 소에게 먹이지요. 지구촌 곳곳에서 매년 4,000~6,000만

명이 굶어 죽고 8억 명이 넘는 인구가 끼니를 거르고 잠자리에 드는 현실을 생각하면 소고기를 먹는 일은 죄악에 가까워요. 또한 가축 사육은 대규모 분뇨로 인한 토양과 수질 오염, 가축 전염병으로 인한 약물(항생제) 남용 등의 문제를 일으켜요. 기후 위기를 부채질하고 숲을 파괴하며 곡식을 낭비하는 육식에 대한 반성이 필요합니다.

기후 위기의 원인은 여럿이지만, 채식은 당장 실천할 수 있어요. 다른 원인은 개선하려면 시간이 오래 걸리고 많은 노력이 필요해요. 식단을 바꾸는 방법은 빠르면서도 더 적은 비용으로 기후 위기에 대응할 수 있지요. 기후 위기 시대에 채식이 지구를 살릴 수 있습니다. 고기를 먹지 않아도 식물성 식품에서 단백질을 충분히 섭취할 수 있어요. 당장 채식이 어렵다면 대체육*을 먹을 수도 있어요.

> **대체육**
> 진짜 고기처럼 만든 인공 고기예요. 식물 성분을 사용한 콩고기와 동물 세포로 만든 배양육으로 나뉩니다.

육식보다 채식을

우리는 고기를 엄청나게 많이 먹고 있어요. 우리나라만 해도 1970년에는 한 사람이 1년에 5.2kg의 고기를 먹었지만, 2020년에는 10배가 넘는 54.3kg이나 먹었어요. 많은 양의 고기, 달걀, 우유를 만들기 위해서 사람들은 동물을 가두고 기릅니다. 이것을 '공장식 축산'이라고 해요. 공장에서 빠르게 물건을 찍어 내듯이 고기를 많이 만들어 내는 거예요.

닭이든 소든 돼지든, 이들 대부분은 비좁고 더러운 환경에서 평생을 살아가요. 고개를 돌리거나 몸을 틀기도 힘든 좁은 공간에서 말이에요. 가축이 할 수 있는 일은 먹고 싸고 낳는 것뿐이에요. 닭은 A4 용지만 한 좁은 닭장에 갇혀 평생 알만 낳다 죽고, 암퇘지는 길이 2미터, 폭 60센티미터의 공간에서 새끼만 낳다가 죽어요. 세상에 나와 처음으로 바깥 구경을 하는 날이 언제일까요? 도축장으로 끌려가는 마지막 날이에요.

육식보다 채식을 하면 가축이 받는 고통도 줄어들고 자연도 덜 착취하게 됩니다. 육식을 금지하고 채소를 억지로 먹자는 건 아닙니다. 결국 개인이 선택할 문제죠. 다만 육식으로 인한 환경 문제가 심각하다는 점을 널리 알려서 채식이 이롭다는 사실을 깨닫게 해야 합니다. 그래서 일반 시민이 자발적으로 채식을 선택할 수 있도록 해야죠. 공장식 축산으로 인해 자연이 입는 피해, 가축이 당하는 고통을 알면 사람들은 스스로 변할 거예요.

아니야, 채식을 한다고 해결되지 않아

육식만이 문제일까요?

지구 온난화 문제가 심각한 것은 사실이에요. 그런데 지구 온난화의 원인이 단지 육식만일까요? 그렇지 않아요. 전 세계 이산화 탄소 배출량은 어떻게 계산할까요? '인구수×1인당 소득×에너지 비효율성×탄소 발자국'으로 계산합니다. 인구가 많을수록, 소득이 높을수록, 에너지 비효율성과 탄소 발자국이 높을수록 더 많이 배출합니다.

이산화 탄소의 배출원은 육식이 아니에요. 에너지 분야지요.

석탄·석유·천연가스 등 화석 에너지에서 태양열·풍력·수력 등의 재생 에너지로 전환해야 해요. 고기만 먹지 않으면 문제가 해결될 거라는 생각은 극히 단순한 기후 위기 해법이에요. 육식 혐오는 기후 위기의 원인을 고기라는 엉뚱한 표적에 집중함으로써 기후 위기를 막기 위해 쏟아야 할 힘을 낭비하게 만들어요.

고기를 악당으로 몰아가면 속은 편할지 몰라요. 채식만 하면 모든 문제가 해결될 것 같으니까요. 그러나 기후 위기는 채식만으로 해결할 수 없어요.

또, 식생활과 관련해서 해결해야 할 문제는 육식이 아니라 식량 낭비예요. 버려지는 음식에 대한 대책 마련이 시급합니다. 전 세계적으로 사람이 먹는 음식 중 30%가 버려져요. 먹을 만큼만 만들어서 음식물 쓰레기를 줄여야 합니다. 우리나라의 음식물 쓰레기는 전체 생활 쓰레기 발생량의 29% 정도를 차지해요. 전 국민이 음식물 쓰레기 20%를 줄이면 연간 온실가스 177만 톤을 줄일 수 있습니다. 승용차 47만 대가 소비하는 이산화 탄소 양이고 소나무 3억 6,000만 그루가 흡수하는 이산화 탄소 양입니다.

채식이 꼭 환경에 이로울까요?

채식도 생태계를 파괴해요. 농작물을 재배할 때도 온실가스가 나옵니다. 채소 농장도 에너지 사용, 물 낭비, 이산화 탄소 배출

등의 환경 문제를 똑같이 초래하지요. 가령 겨울철에 비닐하우스를 따뜻하게 하려면 많은 에너지를 써야 해요.

사실 생명체는 존재하려면 온실가스를 배출할 수밖에 없어요. 가축이 대기 중으로 내뿜는 메탄가스의 위험성만 문제일까요? 전 세계 77억 명의 인간들이 내뿜는 이산화 탄소는 어떨까요? 전 세계 13억 대의 자동차가 내뿜는 이산화 탄소는요?

곡식과 채소를 키울 때 사용하는 살충제나 제초제도 환경을 파괴해요. 농사에 쓰이는 살충제가 꿀벌이나 지렁이를 죽여 생태계 먹이 사슬을 끊습니다. 영국 서식스대학의 굴슨 교수는 "식량 생산을 위해 필요한 지구 토양이 독성 물질로 변하는 현상은 심각하다"라고 우려합니다. 농약과 제초제 등이 곡식과 채소에 쌓이면 결국 사람의 입으로 들어와요. 또 각종 나쁜 물질이 흙과 강을 오염시켜 다시 사람 몸속으로 돌아오고요. 채식 역시 생태계 파괴에서 완벽히 자유로운 건 아니에요.

육식을 비판하는 쪽에서는 소에게 먹일 사료용 콩을 생산하기 위한 토지를 마련하려고 아마존 열대 우림을 파괴한다고 주장해요. 그런데 브라질 벌채 지역에서 생산된 콩은 마트에서 파는 두부와 두유에도 들어가고 비건 식품(채식주의자를 위한 식품)에도 사용해요. 따라서 채식주의자가 육식하는 사람들에 비해 기후 변화에 책임이 덜하다는 주장은 사실이 아니지요. 정도의 차이는 있

겠지만, 채식도 환경에 부담을 줍니다.

누구나 음식을 선택할 자유가 있어요

데카르트는 "나는 생각한다. 고로 존재한다"라는 말을 남겼어요. 생존의 조건에 비추어 보자면 "나는 먹는다. 고로 존재한다"라고 말해야 하지 않을까요? 인간은 먹어야 살 수 있어요. 아니, 무릇 생명은 먹어야 살 수 있지요. 그런데 먹는 행위는 생물학적 차원을 넘어서 문화적 행위이기도 해요. 18세기 프랑스의 미식가 브리야 사바랭이 《미식 예찬》이란 책에서 "동물은 삼키고 인간은 먹는다"라고 말했던 이유도 그래서겠지요.

어떤 음식은 어떤 나라 사람을 뜻하기도 합니다. 일부 미국인은 독일인을 비하해 크라우트(kraut, 독일 놈), 멕시코인을 비하해 빈(Bean)으로 부른다고 합니다. 크라우트는 독일인이 잘 먹는 발효된 양배추김치(sauerkraut)에서 왔고, 빈은 멕시코인이 잘 먹는 볶은 콩을 뜻합니다. 영국인들은 프랑스인을 개구리 다리를 먹는다는 이유로 개구리(frog)로 부르기도 합니다. 니코스 카잔차키스의 소설 《그리스인 조르바》에는 "먹은 음식으로 뭘 하는가를 가르쳐 주면 당신이 어떤 사람인지 나는 말해 줄 수 있어요"라는 문장이 나와요. 개인의 정체성을 형성하는 데 음식은 그만큼 중요합니다.

환경 문제가 심각합니다. 그런데 환경 못지않게 개인의 자유도 중요합니다. 먹거리는 삶의 문제이고, 신념만으로 타인의 삶을 제한해선 안 돼요. 개인의 자유로운 선택에 맡겨야 하지요. 술과 담배가 건강에 해롭다고 해서 국가나 사회가 금주와 금연을 강제할 수는 없어요. 국가나 사회 입장에서 좋은 일이 시민 개인에게도 똑같이 좋다는 법은 없지요. 육식을 멀리하고 채식을 권장하는 일도 마찬가지예요.

쟁점 정리

그래, 환경을 위해서 채식을 해야 해	아니야, 채식을 한다고 해결되지 않아
육식은 기후 위기의 원인이에요.	기후 위기의 원인이 육식만은 아니에요.
육식은 숲을 파괴하고 온실가스를 배출해요.	채식도 환경에 부담을 줘요.
육식을 줄일수록 가축의 고통도 줄어들어요.	누구나 자신이 먹을 음식을 선택할 자유가 있어요.

오쌤의 한마디

고기 없는 월요일

	환경을 위해서 채식을 해야 한다	채식을 한다고 해결되지 않는다
도덕 원리	기후 위기 상황에서 지구 환경을 지키기 위해 노력해야 한다.	기후 위기 상황에서 지구 환경을 지키기 위해 노력해야 한다.
사실 판단	채식 위주의 식단은 지구 환경을 지키는 방법이다.	채식 위주의 식단이 지구 환경을 지키는 방법인지 의문이다.
도덕 판단	채식 위주의 식단을 선택해야 한다.	채식 위주의 식단을 선택하지 않아도 된다.

기후 위기가 심각하다는 점은 양쪽 다 인정하고 있습니다. 다만 채식이 기후 위기의 해결책인가 하는 점에서 두 입장이 갈리지요. 반대쪽 주장처럼 기후 위기를 불러온 원인이 여럿인 것은 사실이에요. 채식을 옹호하는 쪽에서도 이를 인정합니다. 다만 채식이 당장 실천할 수 있고 효과

도 크다고 말하지요. 이는 부정하기 어려워요. 개인이 기후 위기에 대응할 수 있는 가장 효과적인 실천은 채식 위주 식단과 음식물 쓰레기 줄이기지요.

채식 말고도 전기 사용 줄이기, 대중교통 이용하기 등 당장 실천할 방법이 없는 것은 아니에요. 이런 노력은 기후 변화의 가장 큰 원인인 화석 연료를 줄이기 위한 것입니다. 그러나 개인의 삶에서 기후에 가장 크게 영향을 끼치는 부분은 에너지 사용이 아니에요. 의외로 아침, 점심, 저녁 식사가 가장 많이 영향을 끼쳐요. 또 식생활을 개선하면 화석 연료를 줄이는 일을 간접적으로 실천하는 거예요. 식량을 생산하고 수송하고 가공하는 모든 과정에서 쓰이는 화석 연료의 양과 산림 훼손도 만만치 않거든요.

또 하나, 전기 사용량 줄이기, 대중교통 이용하기 등을 개인이 실천하는 것만으로 화석 연료 사용량을 줄이는 것은 쉽지 않아요. 화석 연료를 가장 많이 쓰는 주체가 개인이 아니라 기업이기 때문이에요. 환경 운동 시민 단체인 녹색연합에서 2021년에 발표한 자료에 따르면, 국내 11개 기업이 배출하는 온실가스의 양이 전체 온실가스 배출량의 무려 64%를 차지해요.

개인의 자유가 보장되는 사회에서 무엇을 먹을지는 전적으로 본인의 결정에 달린 문제예요. 개인의 자유와 선택권을 강제로 제한해서는 원하는 효과를 거두기 힘들어요. 다만 개인의 자유는 절대적 가치가 아니에요. 자유를 누릴 사회와 세상이 존재하지 않는다면 그런 자유는 무슨 의미가 있을까요? 결국 이 문제는 음식 선택의 자유와 환경을 위한 노력(희생) 중에서 무엇을 더 중시할지에 따라 달라지겠죠.

환경 위기의 심각성을 얼마나 깊이 느끼는가에 따라 판단은 각자 다를 거예요. 환경 위기를 매우 심각하다고 본다면 개인의 자유를 일정 부분 양보해서라도 채식 위주의 식단을 권장할 테고, 환경 위기를 덜 심각하게 본다면 먹거리 선택의 자유를 강하게 주장할 테죠. 제 개인적 의견은 기후 위기가 매우 심각하다는 쪽입니다. 그리고 그 위기는 현세대뿐만 아니라 미래 세대에게도 재앙이 될 것입니다.

현세대에게는 미래 세대에 대한 책임이 있어요. 철학자 한스 요나스는 "인간 스스로 통제하기 어려운 현대 과학 기술의 가공할 만한 힘 앞에서 더 이상 '지금 존재하는 자'만을 고려하는 윤리학을 붙들어선 안 되며, '아직 존재하지 않은 자'까지 책임지는 새로운 윤리학을 세워야 한다"라고 주장했어요. '지금 존재하는 자'는 현세대입니다. '아직 존재하지 않은 자'는 세상에 존재하지 않는 미래 세대죠. 현세대는 환경을 파괴하고 자원을 고갈시켜요. 마치 자연이 현세대의 것인 양 말이에요.

현세대는 지구의 주인이 아니에요. 지구는 커다란 의자와 같아요. 현세대는 그 커다란 의자를 아주 잠깐 빌렸을 뿐, 주인은 아닙니다. 《어린 왕자》를 쓴 생텍쥐페리는 "우리는 이 땅을 조상에게서 물려받은 게 아니라 후손에게 빌린 것이다"라고 말했습니다. 우리는 잠시 사용했다가 다음 세대에게 그 의자를 건네줘야지요. 우리 후손(미래 세대)뿐만 아니라 자연 만물이 모두 다음 세대예요.

환경을 위해 육식을 줄이는 것은 분명 의미 있는 실천입니다. 다만 모두가 채식주의자가 되어야 하는 것은 아니에요. 모든 사람이 완전한 채식주의자가 될 필요도 없고, 될 수도 없죠. 고기를 아예 먹지 말자는 말이 아니라 조금 덜 먹도록 노력하자는 거예요. 매일 먹거나 일주일에 며칠씩 먹던 것을 하루만이라도 줄여 보면 어떨까요? 일주일에 하루만 고기를 덜 먹어도 온실가스를 줄이고 공장식 축산으로 고통받는 가축의 고통을 조금은 덜 수 있을 거예요. 비틀스 멤버 폴 매카트니가 시작한 '고기 없는 월요일(Meat Free Monday)' 캠페인이 있습니다. 월요일 하루만이라도 고기 없는 날을 실천해 보면 어떨까요?

선진국이 내뿜은 온실가스, 개발 도상국도 책임져야 할까?

2022년 11월, 제27차 유엔기후변화협약 당사국총회(COP27)가 열렸습니다. 기후 문제를 둘러싼 선진국과 개발 도상국(개도국) 간 불평등과 '개도국 기후 피해' 지원 방안이 주된 쟁점이었지요. 아프리카 국가들은 선진국을 향해 기존의 기후 지원 약속부터 지키라고 촉구했습니다.

기후 위기에 책임이 있는 선진국이 재원을 마련해 기후 재난*으로 고통받는 나라를 도와야 한다는 것이 개도국의 입장이에요. 지금까지 선진국은 경제 발전을 이루는 과정에서 막

> **기후 재난**
>
> 기후 변화로 인해 태풍, 홍수, 가뭄 등이 극심해지며 재난에 가까운 기상 이변이 일어나는 현상을 가리키는 말이에요.

대한 화석 연료를 사용하며 온실가스를 내뿜었습니다. 선진국이 경제 성장과 풍요를 이룬 반면에 전 세계는 홍수·가뭄·해수면 상승 등 기후 위기에 맞닥뜨렸어요. 개도국은 기후 위기에 대응할 능력이 부족한 탓에 막대한 피해를 보고 있어요.

아프리카의 54개국(유엔 가입국 기준) 인구를 합하면 세계 인구의 15%가량을 차지해요. 2020년 기준으로 이들이 내뿜는 온실가스는 전 세계 배출량의 고작 2.8%에 불과하지요. 반면에 중국은 30.6% 미국은 13.5%, 유럽연합은 7.5%를 배출했어요. 그러나 기후 위기로 인한 피해는 가난한 개도국에 집중돼요. 2022년 발생한 파키스탄의 대홍수와 동아프리카의 가뭄은 대표적인 피해 사례예요. 파키스탄 대홍수의 총피해 금액은 파키스탄 국내 총생산(GDP)의 4%인 100억 달러(한국 돈 약 12조 6,000억 원)로 추산됩니다. 홍수 한 번으로 국내 총생산의 4%를 날려 버렸다니, 엄청난 피해이지요.

케냐, 소말리아 등 '아프리카의 뿔' 지역은 4년 연속 가뭄으로 1,800만 명가량이 기아 위기에 처했어요. 앞으로 더 큰 위기가 찾아올 것으로 보입니다. 아프리카 해안선을 따라 해수면도 눈에 띄게 상승하고 있어요. 홍해와 인도양 남서쪽에서 매년 4밀리미터씩 해수면이 높아지는데, 이는 전 세계 평균보다 빠르지요. 지대가 낮은 해안 도시가 밀려온 바닷물에 잠기고, 바닷물이 흘러 들어 지하수의 염도가 높아지고 있어요. 염도가 높아지면 지하수를 식수로 쓰기 어려워요. 세계기상기구(WMO)는 2030년까지 아프리카의 1억 명 이상이 해수면 상승 위험에 노출될 것으로 예측하지요.

　콩고민주공화국의 에브 바제바 환경부 장관은 "부자 나라들의 지원 부족이 아프리카의 빈곤국들을 어려운 처지로 몰아넣는다"라고 비판했어요. 그는 선진국들이 합의한 기후 변화 목표 달성을 위해 아프리카 빈곤국들이 자국의 천연자원 개발을 포기하는 상황을 두고 "환경을 보호하기 위해 우리 아이들과 손주들을 죽게 하는 일에 해당할 수 있다"라고 힘주어 말했어요. 기후 위기로 많은 고통을 받는 빈곤국들 역시 기후 위기에 대한 책임과 의무가 있을까요?

그래, 개발 도상국도 함께 책임져야 해

과거는 우리 책임, 지금은 모두 책임

선진국이 먼저 산업화와 경제 성장을 이룬 것은 사실이에요. 그 과정에서 많은 온실가스를 배출한 것도 맞고요. 그러나 지금은 어떨까요? 나라별 온실가스 배출량을 보자면 중국, 미국, 인도, 유럽연합, 인도네시아가 배출량이 많아요. 이 중에서 미국을 제외하면 개도국인 중국, 인도, 인도네시아 등의 책임도 상당하다고 할 수 있지요. 중국은 미국, 유럽연합이 배출하는 양을 다 합친 것보다 더 많이 배출하고 있어요.

개도국들은 기후 위기 대응을 위해 전용 기금을 만들자고 주장해요. 그런데 세계 최대 온실가스 배출국인 중국은 스스로를 '개도국'으로 분류하며 책임이 없다고 주장하지요. 중국은 세계에서 GDP가 두 번째로 높은 경제 대국이지만 세계무역기구(WTO)에서는 아직까지 개도국으로 분류해요. 이를 근거로 "수백 년간 화석 연료를 태운 미국과 다르다"라며 책임과 의무가 없다고 강조합니다. 이런 상황에서 선진국만 책임을 뒤집어쓸 순 없겠지요. 최대 온실가스 배출국이 전혀 책임지려고 하지 않는데, 온실가스 배출량이 더 적은 선진국들이 선뜻 나설까요?

과거에 배출된 온실가스는 선진국의 책임이 크다고 할 수 있지만, 현재 배출되는 온실가스에 대해서는 개도국도 책임이 있습니다. 그와 같은 관점에서 공동 책임을 말해야 현실적인 해결책이 나올 거예요. '탄소 예산'이라는 말 들어 봤나요? 지구 기온 상승 폭을 일정 목표 이하로 맞추기 위해 남은 여분의 온실가스 배출량을 말하지요. 2021년 기준, 온도 상승 폭을 1.5도 이내로 억제할 수 있는 탄소 예산은 4,600억 톤이에요. 현재 추세로는 11.5년 치에 해당하는 적은 양이에요. 제한된 탄소 예산을 197개국이 공정하게 나눠서 분담해야 합니다.

모두 힘을 합쳐야 문제를 해결할 수 있어요

기후 위기를 해결하기 위해 국제 사회는 오래전부터 노력해 왔어요. 1992년 6월, 유엔환경개발회의에서 기후변화협약(UNFCCC)을 체결했어요. 현재 197개국이 가입했지요. 기후변화협약에 가입한 당사국들은 매년 당사국 총회를 개최해 협약 이행 방법의 주요 내용을 논의하고 결정해요. 교토 의정서(제3차 기후변화협약 당사국총회), 파리 기후 협약(제21차 기후변화협약 당사국총회) 등이 모두 당사국 총회에서 채택된 조치지요.

교토 의정서는 하향식 방식을 선택했어요. 기후변화협약이 위에서 아래로, 즉 당사국에 대해 규제 중심으로 온실가스 감축 의무를 부과했거든요. 교토 의정서는 가장 많은 온실가스를 배출하

는 중국과 세 번째로 많은 온실가스를 배출하는 인도 등이 개도국이라는 이유로 온실가스 감축 의무가 없었어요. 선진국에만 온실가스 감축 의무가 있었지요. 이에 불만을 품은 미국이 2001년에 탈퇴해 버렸어요.

이처럼 기후 위기의 책임을 선진국에만 묻는다면 선진국 입장에서는 불만이 나올 수밖에 없어요. 당연히 기후 위기 해결은 더 어려워질 테고요. 그래서 파리 기후 협약이 나왔어요. 파리 기후 협약에서는 모든 당사국이 감축에 참여해요. 각국이 감축 목표를 스스로 정한다는 점도 교토 의정서와 다르지요. 파리 기후 협약은 더 많은 국가의 참여를 유도하기 위해 상향식 방식을 채택했어요. 즉 당사국이 자국의 상황을 고려해 자발적으로 목표를 정해서 보고하는 방식이지요.

기후 변화는 전 지구적인 환경 문제로, 개별 국가가 아닌 전 세계가 힘을 합쳐야 대응할 수 있어요. 그래서 유엔은 '공동의, 그러

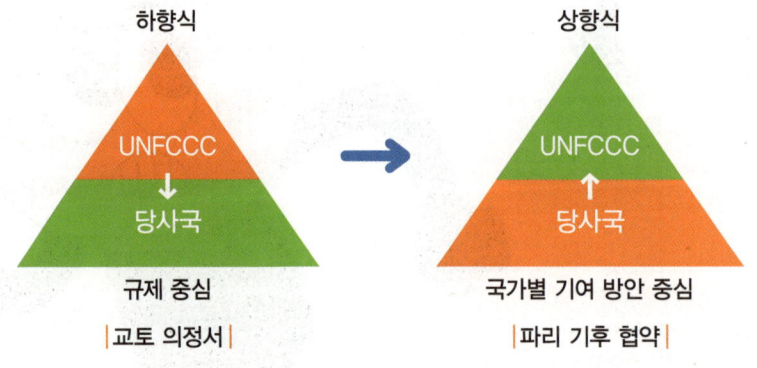

나 차별화된 책임' 원칙에 따라 모든 나라의 감축 노력과 함께 선진국의 더 적극적인 노력을 촉구하고 있어요. 기후 위기는 선진국과 개도국이 힘을 합쳐 함께 노력해야 극복할 수 있어요. 어느 곳에서 온실가스를 배출하든 지구 전역으로 퍼지기 때문이에요. 달리 말하면 온실가스를 감축하는 나라가 어디든, 기후 위기 완화에 효과가 있습니다. 광범위하고 지속적인 협력을 위해 선진국과 개도국 모두의 공평한 노력이 필요합니다. 선진국에만 책임을 묻는다면 문제는 해결되지 않습니다.

아니야, 개발 도상국은 죄가 없어

선진국의 책임이 커요

온실가스를 펑펑 쏟아 낸 사람들이 누구인가요? 지금까지 환경을 희생해 가며 풍요를 누린 선진국 국민이에요. 선진국은 많은 자원과 에너지를 써요. 세계 인구의 20%가량인 선진국이 자원의 85% 정도를 소비해요. 기후 위기를 일으킨 주범은 개도국이 아니라 선진국이에요.

오랜 세월에 걸쳐 누적된 온실가스 배출량을 보면 선진국의 책임이 매우 크다는 사실을 확인할 수 있어요. 미국은 24.6%로 압

출처: 아워월드인데이터

|1750년~2020년 국가별 누적 온실가스 배출량|

도적인 1위입니다. 다음은 유럽연합이 17.1%로 2위입니다. 3위는 현재 배출량 1위인 13.9%의 중국입니다. 먼저 산업화와 경제 성장을 이룬 서구 선진국들과 오늘날 '세계의 공장'으로 불리며 빠른 경제 성장을 달성한 중국이 누적 온실가스의 60% 정도를 배출한 거예요.

가난한 나라들은 기후 변화에 대처할 수 있는 능력이 취약하다는 점에서 더욱 어려움을 겪습니다. 기후 변화 적응을 위한 계획을 수립하는 데에 무엇보다 중요한 것은 기후 관련 정보예요. 기후 관련 정보가 충분하면 사전에 대비하여 피해를 최소화할 수 있지요. 그런데 가난한 나라일수록 기후·기상 정보가 부족해요. 가령 네덜란드는 기상 관측소가 평균 716제곱킬로미터당 1개 소가 설치되어 세계 기상 기구 권고치의 4배가 넘는 반면에, 아프리카 사하라 이남 지역의 경우 2만 5,460제곱킬로미터당 1개소씩 설치되어 권고치의 8분의 1 수준이에요.

물론 기후 위기는 함께 해결해야 할 인류 전체의 문제예요. 모든 나라와 모든 사람이 함께 노력해야겠죠. 하지만 그 책임의 정도는 크게 달라요. 이 점을 잊지 말아야 기후 위기를 해결할 현명하고 올바른 해결책을 찾을 수 있습니다.

선진국부터 앞장서서 온실가스를 줄이는 노력을 해야 해요. 동시에 개도국이 동참할 수 있도록 선진국이 자금과 기술 등을 아낌없이 지원해 줘야 하지요. 그래야 개도국들이 온실가스 감축에 적극적으로 나설 테니까요.

온실가스를 줄이려면, 또 기후 위기가 초래하는 갖가지 피해를 막고 해결하려면 막대한 돈과 기술이 필요해요. 선진국들은 자금과 기술이 있어요. 당연히 이들이 감당해야 할 몫이 더 클 수밖에 없지요. 하지만 선진국들은 책임과 의무를 다하지 않아요. 계속 책임을 미룰 뿐이죠. 마르크스는 이러한 태도를 '대홍수여, 내가 죽은 뒤에 와라!'라고 말하는 것과 같다고 비꼬았어요.

개도국에게 무슨 잘못이 있나요?

선진국은 대기 오염과 수질 오염 등이 그다지 심각하지 않아요. 반면 개도국은 대기 오염, 수질 오염, 쓰레기 처리 등 수많은 환경 문제로 골머리를 앓고 있어요. 가난한 나라가 상대적으로 더 검소하게 사는데도 말이죠. 자원 채굴에 따른 오염, 쓰레기 처리 문제

등 경제 개발 과정에서 따라오기 마련인 부작용의 상당 부분을 개도국에 떠넘긴 결과예요.

2022년 여름, 파키스탄은 기록적인 홍수로 엄청난 피해를 보았어요. 국토의 3분의 1이 물에 잠겼고, 사망자만 1,700여 명에 달했지요. 행정구역 154곳 중 75%인 116곳이 물에 잠기면서 이재민은 무려 3,000만 명이 넘게 발생했어요. 파키스탄 전체 인구의 15%에 해당하는 숫자지요. 파키스탄의 온실가스 누적 배출량은 전체 온실가스의 1%도 안 돼요. 온실가스 배출량은 매우 적지만 파키스탄은 대재앙의 피해자가 됐어요.

이처럼 기후 위기의 피해를 가장 크게 보고 있는 곳은 가난한 개도국이에요. 동남아시아, 남아시아, 아프리카, 남아메리카 같은 곳들이요. 이들 나라에서 "우리한테 무슨 잘못이 있나요? 기후

위기를 일으킨 건 선진국들인데, 왜 가난한 우리가 그 피해를 뒤집어써야 하나요?"라고 항변하는 이유지요.

그러나 이에 대해서 선진국들은 별다른 노력을 하지 않아요. 선진국들은 2009년 덴마크 코펜하겐에서 열린 제15차 기후변화 협약 당사국 총회에서 개도국을 위해 2020년까지 해마다 1,000억 달러(한국 돈 약 135조 원)를 조성해 지원하기로 약속했지만, 이를 제대로 지키지 않았어요. 이득과 혜택은 다 누리고, 책임과 의무를 개도국에 미루는 것은 불공정해요.

'환경 정의'라는 게 있어요. 환경 분야에도 정의와 평등이 실현돼야 한다는 원칙이지요. 기후 위기를 해결하려면 '환경 정의'가 지켜져야 합니다.

쟁점 정리

그래, 개발 도상국도 함께 책임져야 해	아니야, 개발 도상국은 죄가 없어
과거 배출은 선진국 책임이지만, 현재 배출은 모두의 책임이에요.	선진국이 더 많은 책임과 의무를 져야 해요.
모두가 힘을 합쳐야 환경 문제를 해결할 수 있어요.	개발 도상국은 잘못이 없는데 큰 피해를 보고 있어요.

오쌤의 한마디

가장 불편한 사람들에게 관심을 가져요

	기후 위기를 막기 위해 노력해야 한다
도덕 원리	자연환경 훼손으로 인해 인간 생존이 위협받아선 안 된다. 이를 막기 위해 노력해야 한다.
사실 판단	기후 위기가 매우 심각해 자연환경이 돌이킬 수 없이 훼손됐다.
도덕 판단	기후 위기로 인간 생존이 위협받아선 안 된다. 이를 막기 위해 노력해야 한다.

두 입장 모두 기후 위기의 심각성과 이를 해결해야 한다는 당위론에 동의합니다.

그런데 도덕 판단인 "기후 위기로 인간 생존이 위협받아선 안 된다. 이를 막기 위해 노력해야 한다."의 주체가 누구인지를 두고 생각이 엇갈리지요. 한쪽에선 선진국이라고 부르짖고, 반대쪽에서는 모두라고 항변하지요.

기후 변화로 가장 피해를 보는 곳은 남반구의 가난한 나라예요. 반면에 기후 위기의 주된 책임은 북반구에 자리한 선진국에 있어요. 남반구에 사는 사람들은 온실가스를 상대적으로 적게 배출하기 때문에 어떤 의미에서는 기후 위기에 가장 책임이 적어요. 탄소 배출이라고는 숨 쉬는 것밖에 안 한 사람들에게 책임을 물을 순 없겠죠. 하지만 기후 변화로 인한 피해는 이들에게 집중되곤 해요. 기후 위기의 역설이지요.

개도국들은 이른바 '기후 정의'를 부르짖어요. 기후 정의란 기후 위기를 일으킨 책임과 피해가 일치하지 않는 문제를 바로잡으려는 활동 등을 말해요. 개도국의 요구는 단순하고 분명해요. 기후 위기를 초래한 선진국들이 역사적 잘못에 대해 마땅한 책임을 지고, 현실을 개선하기 위해 더 많이 노력해야 한다는 것이지요. 덧붙여 개도국도 온실가스 배출을 통한 산업화의 성과를 누리고, 기후 위기에 대응할 능력을 갖출 기회가 필요하다고 주장해요.

기후 변화는 인류가 맞닥뜨린 공동의 문제이지만, 이 위기를 조성한 책임과 대응할 능력은 개별적이에요. 기후 변화를 초래한 국가 간 책임과 이로 인한 피해, 기후 위기 대응 능력은 나라마다 크게 달라요. 그래서 선진국과 개도국은 2015년 제21차 기후변화협약 당사국 총회(COP21)에서 '공동의 차이가 나는 책임' 원칙을 확인했어요. 이때 체결한 협정이 '기후 정의'를 명시한 파리 협정이에요. 공동으로 책임져야 하지만, 그것은 분명히 차별적인 책임입니다.

선진국에 더 큰 책임과 감축 노력을 요구하는 것은 역사적인 측면 때문이에요. 역사적으로 볼 때, 현재의 기후 위기는 화석 연료 사용에서 비롯했고, 화석 연료를 많이 사용한 선진국이 당연히 그에 대해 책임져야 한다는 것이지요. '오염자 부담 원칙(polluter pays principle)'이 이런 입장을 뒷받침해요. 쉽게 말해 "네가 망가뜨렸으면 네가 고쳐야 한다" "네가 버린 것은 네가 치워야 한다"라는 원칙이에요. 문제를 일으킨 사람이 문제를 해결하고, 타인에게 피해를 줬다면 보상해 주는 것은 당연한 일

이에요. 윤리적 측면에서 자기 잘못을 자기가 책임지는 것은 기본이죠. 다만 지금의 기후 위기가 현세대의 잘못인가 하는 점은 생각해 볼 수 있어요. 현세대가 아니라 이전 세대의 잘못이라고 항변하며 책임이 없다고 할 수 있어요. 부모님의 잘못을 자식이 대신 책임지지 않는 것처럼 말이지요. 잘못한 당사자가 아닌 사람에게 책임지라고 요구하는 것은 윤리적인 태도가 아니에요. 그러나 자식은 부모의 잘못을 대신 지지 않지만 유산과 빚은 상속받아요. 기후 위기에도 이 논리를 적용하면 이전 세대가 환경을 희생하며 이룩한 경제 성장의 혜택을 현세대가 누리고 있다는 사실을 부정할 순 없겠지요. 그런 점에서 현세대의 책임이 전혀 없다고 말하긴 어렵지 않을까요?

> 새로운 과학 기술의 등장은 많은 고민거리를 안겨요. 가령 인공 지능 탓에 일자리가 사라질 것으로 예상돼요. 과학 기술 발전이 가져올 사회 변화를 어떻게 바라봐야 할까요? 새로운 윤리적 관점이 필요해요!

과학 기술 윤리적으로 바라보기

자율 주행차는
더 많은 사람을 살려야 할까?

자율 주행차는 사람의 조작 없이 스스로 주행 환경을 인식하면서 목표 지점까지 운행하는 자동차예요. 구글의 자율 주행차는 2009~2021년까지 3,200만 킬로미터를 넘게 주행했어요. 3,200

만 킬로미터를 주행하는 동안 모래주머니를 피하려다가 버스와 충돌한 가벼운 접촉 사고 한 건(2016년)을 제외하면 자율 주행차의 잘못은 전혀 없었어요. 캘리포니아주 자동차국(DMV)이 2014년 자율 주행차 시험 주행을 허가한 이후, 면허를 받은 55개 업체가 2018년 8월까지 제출한 사고 보고서는 총 88건이었어요. 그중에서 사람의 개입이 없는 완전 자율 주행 모드 중에 발생한 사고는 38건이었는데, 자율 주행차의 과실은 단 한 건에 불과했지요.

자율 주행차가 도시의 모습을 어떻게 바꿀지 예측한 한 보고서에 따르면 자율 주행차가 자리 잡으면 사람들의 차량 소유 욕구가 줄어 전체 차량 대수가 줄어들 가능성이 높다고 해요. 그러면 교통량도 감소하지요. 차량 대수, 교통량이 줄어들면 여러 이점이 있어요. (자동차 생산에 필요한) 자원과 (차량 생산과 차량 운행에 들어가는) 에너지가 절약되고 주차 공간이 줄어들어요. 자원이 절약되고 지구 환경에 이롭지요. 분명 더 편리하고 안전해지지만, 문제도 있어요. 우선 자동차 산업이 크게 위축될지 몰라요. 12만 대의 개인 소유 자동차를 공유 자동차 1만 8,000대로 대체할 수 있다는 예측 결과도 있지요. 또 다른 문제는 일자리 감소예요. 가장 먼저 운수업 종사자들이 직장을 잃을 가능성이 높아요.

자율 주행차는 여전히 기술적으로 해결해야 할 문제가 많이 남아 있어요. 센서를 통해 주변 상황을 인식하는 기술을 더 정교화

해야 해요. 특히 눈, 비, 안개, 야간 등 가시(可視)˙ 조건이 나쁠 때의 인식 기술은 매우 제한적이에요. 또, 통제된 상황에서 한 자율 주행 시연은 실제 도로에서 한 자율 주행과 차이가 커요. 실제 도로에서는 예상치 못한 변수가 많지요.

2018년 3월 18일 고도 자율 주행을 시험하던 우버의 자율 주행차가 교차로에서 사고를 내 보행자가 숨지는 일이 벌어졌어요. 자율 주행차가 쇼핑백을 가득 실은 자전거를 끌고 갑자기 도로로 뛰어나온 보행자를 미처 피하지 못했지요. 이런 상황에서 자율 주행차는 어떻게 판단해야 할까요? 행인과 탑승자 중에서 누구의 안전을 우선시해야 할까요?

2016년, 프랑스 툴루즈경제대학교의 장 푸랑수아 보네퐁 교수팀은 다음과 같은 상황을 제시하며 자율 주행차가 어떤 선택을 해야 할지 물었어요. 내가 타고 가는 자율 주행차의 브레이크가 고장 났습니다. 그런데 앞쪽에는 많은 사람이 길을 건너고 있습니다. 이때 자율 주행차의 알고리즘이 핸들을 그대로 유지하면 앞쪽에 있는 많은 사람이 죽게 되고, 핸들을 틀어서 경로를 변경하면 탑승자인 내가 죽는다고 가정해 보세요. 과연 자율 주행차를 어떻게 설계해야 할까요?

가시(可視) 눈으로 볼 수 있는 것.

그래, 더 많은 사람을 살려야 해

한 명이라도 더 살리는 게 옳아요

공리주의는 행위 동기가 아니라 결과를 윤리적 판단 기준으로 삼아요. 공리주의 윤리설*에 따르면 최대 행복이 목적이고, 다른 윤리적 가치는 최대 행복에 이바지할 때만 의미를 가져요.

> **공리주의 윤리설**
>
> 공리(功利)는 공로와 이익을 뜻해요. 공리주의는 공로와 이익, 즉 결과(효용)를 중시해요. 벤담이 제시한 '최대 다수의 최대 행복'이 대표적이죠. 최대 다수에게 최대 행복을 가져다주는 행위가 최상이라는 의미예요.

앞서 소개한 보네퐁 교수의 설문 조사에서 응답자 중 76%가 핸들을 꺾도록 프로그램을 설계하는 것이 옳다고 답변했어요. 비록 탑승자인 내가 죽더라도 앞에 있는 많은 사람을 살리는 게 낫다는 공리주의적인 답변이었죠. 미국 하버드대학 심리학자들이 2003년 9월부터 2004년 1월까지 5,000여 명을 대상으로 진행한 온라인 심리 실험에서도 비슷한 결과가 나왔어요. 응답자의 89%가 방향을 틀어 5명을 살리고 1명을 희생시켜야 한다고 답했지요. 공리주의가 압도적으로 우세한 답변입니다. '더 많은 사람을 살려야 한다'는 생각이 '무조건 사람을 죽여선 안 된다'는 의무론적 윤리를 앞선 거예요.

반대편에서는 의무론적 윤리설을 내세워요. 그런데 의무론적 윤리설은 서로 부딪치는 두 가지 의무 중 하나를 선택해야 할 경우에는 아무런 답을 주지 못해요. 브레이크가 고장 났는데 앞쪽에도 행인이 있고 양옆으로도 행인이 많아요. 어떤 경우에도 무고한 희생자가 발생하지요. 이런 상황에 대해서 의무론적 윤리설은 답을 줄 수 없어요. 하지만 공리주의 윤리설은 희생자를 최소화하는 선택이 가능하지요.

사회가 거부할 거예요

2016년, 파리에서 열린 자동차 쇼에서 메르세데스 벤츠의 운전자 지원 시스템 및 안전 부분 담당자 폰 후고는 "벤츠에서는 자율 주행 자동차에서 차량 소유자를 최우선으로 하겠다"라고 발표했어요. 이에 대한 논란이 커지자 회사의 입장이 정해진 건 아니라고 해명했지요. 차량 소유자를 최우선으로 삼겠다는 의견은 왜 논란이 됐을까요?

모든 사람이 운전자는 아니에요. 보행자로 살아가는 사람이 더 많지요. 또 차량 운전자라고 해서 늘 운전대를 잡고 있는 것도 아니에요. 운전자도 보행자일 때가 있지요. 어떤 상황이라도 운전자의 안전만을 최우선으로 삼겠다는 의견이 논란이 될 수밖에 없는 이유입니다. 탑승자 중심의 관점은 이기적이라고 평가받을 수 있어요. 오직 자기 자신만을 생각한다는 점에서 말입니다.

선택할 수 있다면 사람마다 선택이 다를지 몰라요. 그러나 많은 사람이 탑승자를 보호하는 자율 주행차를 선호할 가능성이 커요. 하지만 사회는 그런 자율 주행차를 수용하기 어려워요. 사회적 합의를 통해 이런 자율 주행차를 법으로 금지할지도 모르지요. 물론 이 조치도 위헌 요소가 있어요. 개인의 자유와 선택의 권리를 제한하기 때문이지요. 어쨌든 사회는 희생자를 최소화하는 쪽에 손을 들어 줄 가능성이 높아요.

아니야, 잘못이 없는 사람을 살려야 해

잘못이 없는 사람을 죽여선 안 돼요

의무론적 윤리설*은 행위의 결과가 아니라 행위의 동기를 강조해요. "오로지 의무에서 그 행위를 할 때 그 행위는 비로소 진정한 도덕적 가치를 갖는다"라는 칸트의 의무 공식이 대표적이지요.

칸트는 도덕 법칙이 어떤 목적을 위한 수단이 아니고 그 자체가

> **의무론적 윤리설**
>
> 어떤 행위의 윤리적 정당성을 판단할 때 행위의 결과를 배제하고 의무에 입각한 원칙을 그 기준으로 삼는 이론이에요.

목적이라고 말해요. 누구든 무조건 지켜야 하는 도덕 명령을 가리켜 정언 명법(정언 명령)이라고 불렀지요. 정언 명법은 결과적 유용성은 배제하고 오직 선의지를 중시해요. '인간을 수단이 아닌 목적으로 대해야 한다'는 칸트가 제시한 대표적인 정언 명법이에요.

의무론적 윤리설이 왜 중요할까요? 무고한 희생자가 발생하는 경우가 있기 때문이에요. 운전자 눈앞에 무단 횡단을 하는 열 명이 갑자기 나타났어요. 진로를 바꾸지 않으면 열 명이 죽어요. 그런데 진로를 바꾸면 인도를 걷는 무고한 보행자 한 명이 죽게 됩니다. 공리주의 입장에서는 열 명보다 한 명을 희생하는 게 합리적이겠지만, 의무론적 관점에서는 무고한 사람을 희생하는 것은

 한 걸음 더!

가언(假言) 명법

정언 명법과 대비되는 개념이에요. 가언(假言) 명법은 '만일 A 하려면 B 하라' 같은 조건적 명령이에요. 가언 명법은 어떤 목적(A)을 이루기 위한 수단과 방법으로써 행위(B)를 명령합니다.

옳지 않아요. 비록 희생자 수는 더 많을지 몰라도, 무단 횡단을 하는 열 명보다 무고한 한 명을 희생시키지 않는 것이 도덕적 의무에 합당하다고 봅니다.

소비자가 거부할 거예요

메르세데스 벤츠의 엔지니어가 비공식적으로 밝힌 바에 따르면 "제조사 입장에서는 '운전자가 우선'이라고 대답할 수밖에 없다"고 해요. 이유는 간단합니다. 자동차가 운전자의 안전을 보장하지 못한다면 소비자는 그 자동차를 외면할지도 모르니까요. 자동차 구매자는 탑승자를 우선하는 자율 주행차를 선호하지 않을까요? 타인의 목숨을 구하기 위해 운전자가 죽을 수 있는 위험을 누가 감수할까요? 사람들은 내 차가 나를 살리는 것을 당연하게 생각해요.

앞선 실험 등에서 공리주의적 답변을 했던 사람들을 대상으로 "그렇다면 자동차 탑승자보다 보행자의 안전을 우선시하는 자율 주행차를 구입하겠습니까?"라고 물었어요. 대다수는 그런 차를 사지 않겠다고 대답했습니다. 〈월스트리트저널〉이 보도한 MIT 미디어랩의 조사에서도 비슷한 결과가 나왔어요. 시속 100킬로미터 이상으로 달리는 상태에서 "보행자가 갑자기 끼어든다면 보행자를 살리는 차를 살 것인가, 탑승자를 살리는 차를 살 것인가?"라는 질문에 보행자보다 탑승자를 보호하는 자율 주행차를 사겠다는 답변이 더 많았어요. 이성적으로는 다수의 보행자가 우선이지만, 그 자동차 탑승자가 자신이거나 가족일 때는 어김없이 이러지도 저러지도 못했지요.

자율 주행차 고객 절대다수는 어떤 순간에도 자신의 생명을 최우선으로 보호받기 원해요. 비싼 자율 주행차가 위험한 사고 순간에 이타적으로 판단하도록 프로그램되어 있다면 고객들은 차를 구매하지 않을 거예요. 자동차 회사들도 이러한 현실을 잘 알고 있어요. 향후 글로벌 자동차 회사들은 경쟁적으로 자율 주행차에 가장 높은 수준의 탑승자 우선 프로그램을 탑재할 가능성이 높지요.

쟁점 정리

그래, 더 많은 사람을 살려야 해	아니야, 잘못이 없는 사람을 살려야 해
더 많은 목숨을 구해야 해요.	아무 잘못도 없는 사람을 죽여서는 안 돼요.
더 많은 목숨을 구하지 않는다면 사회는 그런 차를 받아들이지 않을 거예요.	탑승자를 우선으로 하지 않으면 소비자는 그 차를 거부할 거예요.

누가 알고리즘의 주인이 될 것인가

오쌤의 한마디

인공 지능의 발전으로 물류, 운송, 생산 라인 등 다양한 분야에서 자율 시스템이 급속히 퍼지고 있어요. 자율 주행차, 자율 무기 시스템(살상 로봇), 범죄 예측 프로그램 등은 인공 지능이 사회에 미치는 영향력이 커졌음을 보여 주지요. 도덕적 판단과 행위의 주체를 '도덕 행위자'라고 해요. 인공 지능이 발전하면서 인공 지능을 도덕적 행위자로 봐야 한다는 목소리가 커지고 있어요. 이를 '인공적 도덕 행위자(artificial moral agent)'라고 부릅니다. 로봇, 챗GPT 같은 챗봇, 인공 지능 시스템 등이 인공적 도덕 행위자가 될 수 있어요. 자율 주행 알고리즘도 포함되지요. 자율 주행 알고리즘은 결과를 중시하는 공리주의 윤리설과 동기를 중시하는 의무론적 윤리설 중에서 어느 것을 따라야 할까요? 무엇이 더 옳다고 판단하기 어렵습니다. 결국 공리주의적 판단과 의무론적 판단 가운데 어떤 선택을 할지, 그 선택을 누구에게 맡길지가 문제예요.

모든 판단을 자율 주행차에 맡기거나 예측할 수 있는 상황을 추려서 상황별로 특정 판단을 미리 설정할 수 있어요. 후자의 방법은 어떤 조건 아래에서 어떤 판단과 행동을 취할지 미리 결정해 두는 방식으로 자율 주행 알고리즘을 설계하는 거예요. 자율성과 자기 선택을 중시하는 인간 입장에서 자율 주행차에 모든 판단을 선뜻 맡기기는 어려울지 몰라요. 그러나 일어날 수 있는 상황을 예측해서 상황별로 특정 판단을 세팅하는 일도 만만치 않아 보여요.

자율 주행에 맡기지 않고 미리 판단을 설정하는 방법은 크게 두 가지예요. 첫째는 사회적 합의를 통해 통일된 일률적 프로그램을 만들어서 모든 자동차에 적용하는 방법이에요. 둘째는 프로그램을 시장에 맡기는 방법이지요. 시장에서 보행자 우선 프로그램이든 탑승자 우선 프로그램이든 자유롭게 만들고, 소비자에게 선택권을 주는 거예요. 이러면 자동차 제조사는 다양한 선택지의 자율 주행 알고리즘만 개발하고, 소비자는 그중 하나를 선택하면 돼요.

로봇 연구자들의 비영리 네트워크인 로보허브는 2014년, 누가 자율 주행차의 방향을 결정해야 하는지를 묻는 설문 조사를 했어요. 응답자의 절반 정도가 차량 탑승자가 결정해야 한다고 답했어요. 입법 기관(국회)에 맡겨야 한다는 의견이 그다음을 차지했고, 차량 제조사가 결정해야 한다는 의견이 13%로 가장 적었지요. 자율 주행 알고리즘을 어떻게 만들지에 대한 선택권을 누구에게 줄 것인지는 쉽게 판단하기 어려운 문제입니다. 충분한 고민과 사회적 합의가 필요해요.

역사학자 유발 하라리는 《호모 데우스》(김영사, 2017년)에서 인간 중심적 세계관이 폐기되고 데이터 중심의 세상이 도래할 것으로 예상합니다. 거대한 데이터베이스와 전례 없는 연산력을 가진 알고리즘에 의존하여 세상을 해석하는 일이 십수 년 안에 현실이 된다고 보았지요. 그리고 구글이나 페이스북 등의 알고리즘이 "모든 것을 아는 신탁"이 되며, 그다음에는 대리인으로 진화하고 마침내 주권자로 진화"하면, "그 알고리즘들이 스스로 주인"이 되는 상황이 올지 모른다고 경고해요. 쉽게 말해, 알고리즘이 인간이 사용하는 도구에서 인간을 지배하는 주인으로 바뀐다는 말이에요. 알고리즘이 주인이 될지, 인간이 주인으로 남을지는 전적으로 인간의 선택에 달렸지요.

신탁(神託) 신이 인간의 물음에 대답하는 일.

인공 지능 판사는 공정할까?

여러 분야에서 인공 지능을 광범위하게 활용하고 있어요. 법전과 판례 등 방대한 정보를 바탕으로 정확하고 공정한 판단을 내려야 하는 사법 영역에서도 인공 지능의 활용 영역이 조금씩 커지고 있지요. 인간의 판단에 대한 불신과 공정성에 대한 높은 기대, 효율적인 일 처리의 필요성 등이 사법 분야에서 인공 지능 도입을 촉진하고 있습니다. 미국 노동통계청은 가장 빨리 사라질 직업 중 하나로 법률 종사자를 꼽았어요.

북유럽의 에스토니아는 면적이 대한민국의 절반 정도에, 인구는 132만여 명인 작은 나라입니다. 정보 기술(IT) 강국인 에스토니아는 7,000유로 이하의 소액 재판에 인공 지능 판사를 활용해요. 인공 지능 판사를 도입하면서 사람들은 전보다 재판 결과를 좀 더 빨리 얻을 수 있고, 인간 판사는 사회적으로 중요한 사건에 집중할 수 있어요. 미국에서는 판사가 형량을 결정할 때 인공 지능의 분석을 참고 자료로 활용해요.

판사, 변호사에 이어 인공 지능 검사도 등장할 전망입니다. 중국에서 규모가 가장 큰 검찰인 상하이 푸둥 인민 검찰청에서 개발한 인공 지능 검사는 일부 범죄에 대해 기소* 여부를 결정해요. 인공 지능 검사는 2015년에서 2020년 사이에 일어난 1만 7,000건의 실제 사건을 학습했지요. 인공 지능은 이미 많은 나라의 사법 기관에서 활용하고 있지만, 기소에 직접 관여하는 것은 중국이 최초예요.

그러나 기소 여부를 기계적으로 적용하다 보면 자칫 인권을 소홀히 할 위험성이 있어요. 인공 지능의 장점은 많은 데이터를 처리해 분석하는 거예요. 다만 주어진 데이터에 인간의 편향이 섞였을 수 있어요. 이루다 사건을 들어 본 적 있나요? 이루다는 인공 지능 전문 신생 기업이 출시한 챗봇입니다. 이 회사는 카카오톡 대화를 제출하면 애정도 등을 분석해 주는 앱으로 수집한 카톡 대화 약 100억 건을 이용해 이루다를 개발했어요. 그런데 이 서

기소 검사가 특정한 형사 사건에 대하여 법원에 심판을 요구하는 일.

비스는 출시 한 달도 안 돼 중단됐습니다. 성희롱과 차별·혐오 발언, 개인 정보 침해 등의 문제를 일으켰거든요.

2021년 10월, 유럽 의회가 채택한 '형사 사법 인공 지능 결의안'은 바로 이 지점을 문제 삼고 있어요. 결의안은 투명성과 책임성을 담보한 인공 지능이 개발돼서 시민의 기본권에 아무런 해도 입히지 않는다고 신뢰할 수 있을 때까지 형사 재판에서 인공 지능이 내린 결정을 그대로 사용해서는 안 된다고 못 박았어요.

인공 지능 판사를 도입해야 할까요, 말아야 할까요? 이 질문에 대한 답은 인공 지능 판사가 과연 공정한지, 그렇지 않은지로 결정될 것입니다.

그래, 인공 지능 판사는 공정해

불공정한 건 사람

미국의 과학 전문 주간지 〈사이언스〉는 2021년 특별 호에서 '범죄 불공정(criminal injustice)'을 다뤘습니다. 해당 특별 호의 표지는 미국 국기 안에 수감자들이 갇혀 있고, 국기 왼쪽 상단에는 돈을 뜻하는 달러 기호가 빼곡한 그림이었어요. 〈사이언스〉는 미국의 대규모 수감 현실이 인종, 노동, 돈과 얽힌 구조적 뿌리를 갖고

있다고 지적했지요. 미국의 수감률은 세계 최고 수준입니다. 특히 인종별 수감률 차이가 매우 심각해요. 미국에서 백인이 감옥에 갈 확률은 17분의 1인 반면에 흑인이 감옥에 갈 확률은 약 3분의 1입니다. 형사 사법 제도가 흑인에게 적대적인 결과이지요.

판사와 관련하여 가장 많이 제기되는 도전적인 질문은 '판사의 판결 근거가 무엇인가'입니다. 판사가 법과 원칙이 아닌 주관적인 편견, 감정, 욕망에 따라 판결하는 것이 아닌가 하는 의심이 들기도 해요. 판사들은 중립적이지 않으며 법원의 판단은 공정하지 않다는 연구 결과가 심심치 않게 나오고 있어요. 같은 종류의 범죄가 판사에 따라 형량이 들쭉날쭉하다는 것은 이제 놀라운 뉴스가 아니에요.

'유전무죄, 무전유죄'라는 말이 있어요. 돈이 있으면 죄가 안 되고, 돈이 없으면 죄가 된다는 말로, 같은 잘못이라도 돈이 있느냐 없느냐에 따라 처벌이 달라진다는 뜻이에요. 한국 사회는 사법부에 대한 불신이 강해요. '2021 국민 법의식 실태 조사'에 따르면, '법관의 재판은 외부의 영향을 받지 않는다'라는 질문에 조사 대상자 중 절반은 정치인, 대통령, 법원 내 상급자, 기업, 언론 등이 재판에 영향을 준다고 답했습니다.

판사는 여론의 영향을 받기 마련이에요. 신분과 지위가 법으로

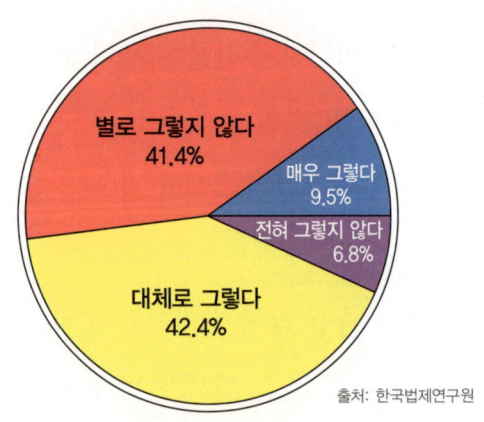

법관의 재판은 외부의 영향을 받지 않는다?

| 2021 국민 법의식 실태 조사 |

보장되더라도 개인으로서 여론의 눈치를 보지 않을 수 없어요. 판사 역시도 사회 구성원이자 생활인이기 때문이에요. 사회적 압박은 판사의 직무에 그치지 않고 판사 개인의 삶에도 영향을 미쳐요. 인터넷과 SNS의 발달로 개인의 삶에서 사회적 평판이 중요한 의미를 갖게 되었어요. 여론에 반하는 판결을 내리면 인신공격, 신상 털기 등 공격이 가해져요. 판사가 법과 원칙에 따라 독립성을 확보하기 어려운 현실입니다.

이러한 이유로 인공 지능 판사가 주목받고 있어요. 인공 지능 판사는 인간에게 깊이 뿌리박힌 편견의 한계에서 벗어나 공정성을 강화할 수 있어요. 인공 지능 판사가 일관성과 예측 가능성을 높인다면 사법 시스템에 대한 신뢰가 높아지지 않을까요? 인공 지능이 인간이 가진 편견을 넘어서 보다 객관적이고 공정하게 판결한다면 사법 정의가 되살아날 거예요. 공정하고 투명한 판결은 범죄율 및 수감률 감소 같은 긍정적인 변화로 이어질 것입니다.

인공 지능은 공정하고 정확해요

일본의 소프트뱅크는 2017년 5월부터 신입 사원 채용 면접에 IBM의 인공 지능 왓슨을 도입해 활용했어요. 인공 지능에 과거 입사 데이터를 학습시키고 신입 사원 채용 때 심사·평가를 맡기지요. 여기에는 인공 지능이 인간의 주관적 평가를 배제하고 공정한 평가와 선발을 할 것이라는 믿음이 있습니다.

빅데이터에 근거하여 자동적인 의사 결정을 내리는 알고리즘을 여러 분야에서 사용하는 배경에는 인공 지능의 의사 결정이 자원을 더욱 효율적으로 분배하리라는 기대뿐만 아니라 편향, 편견, 선입관, 주관적 판단 등이 끼어들기 마련인 인간의 의사 결정보다 더 공정하리라는 희망이 자리 잡고 있지요.

인공 지능의 객관성을 높이 평가하는 사람들은 사법 분야에서도 인공 지능이 긍정적인 역할을 할 것으로 여겨요. 미국에서 그동안 차별적 사법 판단의 희생양이었던 유색 인종도 인공 지능의 사법적 판단을 더 신뢰한다고 해요. 인공 지능은 인간보다 더 나은 판단을 제공할까요? 〈인공지능 알고리즘은 사람을 차별하는가?〉라는 논문에 따르면 인공 지능 형량 판단 알고리즘인 '콤파스(COMPAS)'는 재범률*을 따지기 위해서 137개의 문항에 대한 답을 검토한다고 알려졌어요. 반면에 사람은 보통 10개 내외의 항목을 검토해서 판단을 내린다고 해요. 137개의 데이터를 분석하고 종합해서 내린 결론이 10개의 데이터를 검토해서 얻은 결론보다 더 낫지 않을까요?

미국의 일부 주에서는 인공 지능을 사법 영역에 적극적으로 활

재범률 죄를 지은 뒤 다시 죄를 범할 확률.

용해요. 피의자·피고인의 과거 범죄 전력, 고용 상황, 가정 환경, 친구 관계, 학력, 나이, 성별, 사상 등을 입력하면 인공 지능은 과거의 범죄에 관한 대량의 통계 데이터 등을 기초로 피의자·피고인의 재범 가능성과 위험성 등을 예측해요. 판사나 교정 담당자는 이를 참고해 판단하지요. 범죄 사건의 재판이 시작되기 전에는 피고인의 보석* 여부를 결정하는 자료로 활용하고, 재판이 시작되면 피고인의 형량이나 출소 후 보호 관찰 기간 등을 판단하는 자료로 활용해요.

인공 지능 알고리즘이 형사 재판의 형량을 결정한 대표적인 예로는 '루미스 사건'이 있어요. 검찰은 이 사안에서 콤파스의 분석을 참고해 무거운 형벌을 선고했는데, 피고인 루미스는 "인공 지능의 구형을 법원이 그대로 인용한 것은 위법"이라며 상고했어요. 이에 대해 미국 위스콘신주 대법원은 "인공 지능이 판단한 형량을 기초로 무거운 형벌을 선고한 지방 법원 판결은 타당하다"라고 판결했지요. 대법원은 "인공 지능의 한계를 고려해야 하지만, 인공 지능이 판결에 활용할 만한 정보를 제공하는 데 도움을 주는 것은 사실"이라며 인공 지능이 활용할 가치가 있다는 입장을 밝혔어요.

보석 보증금을 받거나 보증인을 세우고 형사 피고인을 풀어 주는 일.

아니야, 인공 지능 판사는 공정하지 않아

사람은 책임질 수 있어요

인공 지능의 판단을 형사 사법(보석·형량·가석방 결정 등)에 반영해 문제가 발생했을 때 누구에게 책임을 물어야 할까요? 책임을 논하려면 어떤 과정을 거쳐 결론에 이르렀는지 알아야 해요. 인간 판사가 인공 지능의 의견을 참고해 내린 판결에서 인간 판사가 인공 지능에 얼마나 영향을 받았는지 알 수 있을까요?

문제는 아무도 인공 지능의 결정 과정을 설명하지 못한다는 점이에요. 딥러닝에 기반한 인공 지능이 인간처럼 추론하고 정확도가 높아도, 결정을 내리기까지의 과정은 설명하지 못해요. 게다가 기업은 영업 비밀, 지식 재산권 등을 내세워 인공 지능 알고리즘을 일절 공개하지 않지요. 만약 인공 지능 알고리즘의 영업 비밀을 보호하는 법체계가 만들어져서 인공 지능 판사에도 적용된다면 인공 지능의 판결에 승복하지 않는 사람들이 늘어날 거예요. 재판 결과가 왜 그렇게 나왔는지 설명할 수 없다면, 사람들은 그러한 인공 지능 판사를 거부하겠지요. 결국 인공 지능을 형사 사법에 활용할 경우에 책임 문제를 어떻게 할 것인가에 대한 사회적 합의도, 깊이 있는 논의도 없는 지금 상황에서는 인공 지능 판사를 섣불리 도입해선 안 됩니다.

사법 시스템이 불공정하다고 이의를 제기할 수는 있습니다. 판사 개인의 문제가 아예 없다고 볼 수는 없어요. 그러나 판사 개인의 문제보다는 구조나 제도의 문제가 더 큽니다. '전관예우(前官禮遇)'가 대표적입니다. 고위 관직에 있던 사람이 퇴임 후에 예우받는 것을 전관예우라고 해요. 대기업을 수사했던 검사들이 퇴직 후 그 기업을 변호하는 변호사로 일하는 경우 당연히 공정한 재판은 기대하기 어렵겠죠. 제도를 고쳐서 이런 문제를 막는다면 불공정한 판결은 어느 정도 개선할 수 있을 거예요.

사법부에 대한 신뢰가 떨어진 것은 분명한 사실이에요. 그러나 사람들이 재판 결과에 승복하는 이유는 판사가 양심에 따라 판결할 것이라는 믿음이 있어서예요. 판사가 판결의 이유와 과정을 일

일이 설명하지 않더라도, 판사의 머리와 마음속엔 판결의 명확한 이유가 있어요. 누군가 꼬치꼬치 캐묻는다면 설명해 줄 수도 있겠지요. 그러나 이미 지적한 것처럼 인공 지능은 어떤 결과에 이른 과정을 설명하지 못해요. 미래에 설사 설명이 가능해지더라도 여전히 '책임'은 지지 않겠죠.

인공 지능은 정확하지도 공정하지도 않아요

여러 분야에서 인공 지능을 활용하고 있어요. 분야마다 인공 지능의 정확도는 달라요. 의료 분야에서 암 같은 질병을 판별하는 인공 지능은 정확도가 매우 높다고 알려져 있어요. 사법 영역의 인공 지능은 어떨까요? 《무자비한 알고리즘》(니케북스, 2021년)이란 책에 따르면 미국에서 재범 분석에 사용하는 콤파스는 정확도가 70%로 알려져 있습니다.

그런데 자세히 들여다보면 정확도는 더 떨어져요. 비교적 가벼운 범법 행위는 70%를 조금 웃도는 예측률을 보이지만, 폭력을 동반한 범죄 행위는 25%의 정확도를 보여 줍니다. 즉, 네 명 중 한 사람만 예측이 맞아떨어진 거예요. 이 정도 예측은 굳이 인공 지능의 도움을 받지 않아도 할 수 있지 않을까요?

2016년 미국의 비영리 언론 기구 '프로퍼블리카'에 따르면 콤파스는 흑인에 대한 심각한 편견과 차별을 보인다고 해요. 가령 흑인 피고인을 백인 피고인보다 두 배 높게 고위험군으로 분류했지요. 편향된 데이터의 결과입니다. 콤파스가 피의자나 피고인을 분석하기 위해 사용하는 질문지에는 기존의 범죄 행위에 대한 정보 외에 부모나 형제자매 중에 전과자가 있는지, 부모가 일찍 이혼했는지 같은 질문이 있어요. 이런 문제가 피의자나 피고인에게 영향을 미쳤을 수 있어요. 다만 개인이 책임지거나 바꿀 수 있는 문제는 아니잖아요? 어떤 사람이 책임질 수 없는 일로 그 사람의 책임을 따져선 안 되겠죠.

많은 사람이 인공 지능의 판단은 편견이나 오류에서 자유롭다고 생각해요. 그런데 인공 지능이 학습하는 데이터는 과거의 법 집행 기록들이에요. 즉, 과거의 관습과 편견과 차별이 그대로 반영된 데이터지요. 이런 데이터로 학습한 인공 지능이 공정하고 공평무사*한 판단을 내릴 수 있을까요? 인공 지능은 학습한 그대로 판단하고 반응해요. 쓰레기를 학습하면 쓰레기가 나오죠. 인공 지능이 무조건 공정하리라 기대해선 안 됩니다.

인공 지능은 언제나 편향성이 존재해요. 이러한 편향성은 차별을 부추깁니다. 범죄 예측, 보석 결정, 형량 판단 등의 분야에서 인공 지능 알고리즘을 활용하려면 인공 지능의 편향성을 먼저 해

공평무사 공평하여 사사로움이 없음.

결해야 합니다. 편향성 문제를 완벽히 해결하지 않은 상태에서 수사나 재판 등 사법 분야에 인공 지능을 활용한다면 객관적·중립적 과학이라는 탈을 쓰고 무책임하고 불공정한 판결을 내릴 수 있어요.

쟁점 정리

그래, 인공 지능 판사는 공정해	아니야, 인공 지능 판사는 공정하지 않아
사람은 공정하지 않아요.	사람은 완벽하지 않아도 책임질 수 있지만, 인공 지능은 책임질 수 없어요.
인공 지능은 사람보다 더 정확하고 공정해요.	인공 지능은 정확하지도 공정하지도 않아요.

오쌤의 한마디

시대가 달라지면 판결도 바뀌어요

2011년, 미국 컬럼비아 대학교 조너선 레바브 교수팀은 놀라운 사실을 발견했습니다. 이스라엘 가석방(임시 조건부 석방) 전담 판사들을 대상으로 1,112건의 가석방 판결 자료를 분석한 결과, 가석방 인정 비율이 매우 규칙적이었지요. 가석방 여부를 결정하는 주된 요인은 재소자의 죄질이나 인종, 성별이 아니었어요. 가석방 결정에 영향을 주는 요인은 '판사의 식사 여부'였습니다.

판사들이 배고픈 상태에서는 가석방 가능성이 떨어졌고, 식후에는 가능성이 올라갔습니다. 레바브 교수는 "판사들은 반복적으로 판결할 때 현 상황을 유지하는 판결(가석방 불허)을 선호하는 것으로 나타났다. 그리고 판사들이 점심을 먹고 잠시 쉬고 나면, 가석방을 인정할 가능성이 커졌다"라고 말했어요. 연구 결과가 알려지자 사람들은 "사법 정의가 포도당에 있나"라며 이스라엘 법원을 비판했지요.

연구가 시사하는 바는 판사의 판결에는 다양한 변수가 영향을 미친다는 점이에요. 판사가 정신적으로 지쳐 있다면 판결의 결과가 달라질 수 있지요. 육체를 가진 인간의 한계입니다. 판사의 판결이 무조건 불공정하고 불합리하다는 뜻이 아니에요. "인간은 합리적인 존재가 아니라 합리화하는 존재이다." 사회심리학자 레온 페스팅거가 한 말입니다. 우리는 자신을 매우 합리적이라고 생각하지만, 많은 경우에 이미 내려진 결론을 합리화할 때가 많아요. 그렇다고 인공 지능 판사를 바로 도입하자는 말은 아니에요. 인간의 한계를 바로 보고 이를 보완하기 위해 노력할 필요가 있다는 뜻이지요.

	인공 지능 판사의 판결은 공정하다	인공 지능 판사의 판결은 공정하지 않다
도덕 원리	판사는 한쪽에 치우치지 않고 객관적으로 판단해서 공정한 판결을 내려야 한다.	판사는 한쪽에 치우치지 않고 객관적으로 판단해서 공정한 판결을 내려야 한다.
사실 판단	인공 지능의 판단은 한쪽에 치우치지 않고 객관적이다.	인공 지능의 판단은 객관적이지 않고 한쪽에 치우치기도 한다.
도덕 판단	인공 지능 판사의 판단은 공정하다.	인공 지능 판사의 판단은 공정하지 않다.

객관성과 공정한 판결은 밀접한 관련이 있어 보입니다. 두 입장 모두 사실 판단의 내용으로 '객관성'을 들고 있어요. 판사뿐만 아니라 면접관, 경기 심판 등 객관성과 공정성이 중요한 분야에서 인공 지능에 대한 기대감이 커지고 있어요. 그런데 객관성에는 아무 문제가 없을까요? 객관성이 꼭 좋기만 할까요?

2011년, 미국 워싱턴 D.C. 교육청은 업무 실적이 부실한 교사 206명을 무더기로 해고했어요. 해고된 교사는 전체 교사의 5%에 달했습니다. 이는 워싱턴 D.C. 교육청이 도입한 교사 평가 시스템인 '임팩트'의 분석 결과에 따른 조치였습니다. 문제는 '임팩트'가 학생의 학업 성취도만으로 교사를 평가했다는 점이에요. 해고된 교사들 가운데는 학교 동료와 학부모에게 좋은 평을 받았던 교사들이 적지 않았어요. '임팩트'는 교사가 학생에게 미치는 다양한 요소를 배제한 채 시험 성적만 가지고 교사의 무능과 유능을 평가했어요.

판결의 객관성으로 돌아가 보죠. 판결은 보수적인 경향을 띠게 마련이에요. 기존 판례를 따르기 때문에 당연한 결과지요. 미국에서 대마초 흡연이나 동성 결혼은 불법이었어요. 지금은 대마초 흡연이나 동성 결혼을 합법화한 주들이 늘어나는 추세예요. 이를 문제없다고 생각하는 사람들이 늘어나면서 불법이 합법이 되었지요. 그러나 기존 판례만 가지고는 이런 변화를 수용하지 못해요. 객관성만 강조할 게 아니라 어느 시대 누구의 객관성인지 따져 볼 필요가 있어요.

인공 지능 판사의 객관성은 기존 판결을 넘어서기 힘들어요. 인공 지능 판사는 기존 판결을 되풀이할 뿐이니까요. 때로는 잘못된 판결을 되풀이할 수도 있죠. 데이터에 의존하는 인공 지능은 새로운 판례를 만들어 낼 수 없어요. 사회의 변화된 가치를 따라가지 못하는 거예요. 사회가 발전하고 인권 의식이 높아지면 그에 따라 판결도 달라져야 해요. '무엇이 옳은가, 옳지 않은가'는 불변의 진리가 아니에요. 시대가 변하면 바뀌기 마련이에요. 구조적으로 인공 지능은 이런 변화를 앞장서서 이끌 수 없습니다.

'양심적 병역 거부'는 1969년 대법원에서 유죄 확정 판결을 받았어요. 2004년 헌법 재판소도 양심적 병역 거부 처벌 조항을 합헌이라고 판결했어요. 그러다 2018년 대법원 전원합의체는 양심적 병역 거부를 인정했어요. 헌법 재판소 판례에서 소수 의견이 다수 의견으로 바뀔 때까지 걸린 시간은 대략 7.3년입니다. 헌법 재판소가 설치된 지 34년째인 2022년을 기준으로 법률 등이 헌법에 어긋나는 것으로 판단한 '위헌 결정'은 총 1,928건에 달합니다. 상급 법원에서 기존 판례와 다른 결정을 내린 숫자는 더 많아요. 시대가 바뀌면 법원의 판단도 달라집니다.

인권의 개념은 계속 확대되어 왔습니다. 진보란 무엇일까요? 발전이란 무엇일까요? 사회 진보나 발전에 대한 생각은 사람마다 다를 수 있지만, 과거와 똑같은 걸 진보나 발전이라고 하진 않아요. 과거와 같다면 진보나 발전은 없어요. 이전과 다른 세상을 꿈꿀 때, 세상은 한 뼘이라도 나아질 수 있습니다. 만약 과거의 생각만 굳게 지켜 왔다면 여전히 천동설과 창조론을 옳다고 믿고 받들지 않았을까요? 우리가 발 디딘 지구를 우주의 중심으로 여기고, 모든 생물이 한날한시에 지금 모습대로 창조됐다고 생각했겠죠.

메타버스에서는 어떤 행동도 할 수 있을까?

　미래학자 니콜라스 네그로폰테는 《디지털이다》(커뮤니케이션북스, 1999년)에서 "세상 전체가 인터넷 안으로 들어갈 것이다"라고 예측했어요. 네그로폰테는 "'아톰 세계'가 '비트 세계'로 전환되는 걸 막을 수 없다"고도 했지요. 쉽게 말해, 아날로그 세계(아톰 세계)가 디지털 세계(비트 세계)로 전환된다는 뜻이에요. 25년여 전의 예측을 현실로 바꾼 결정적 도구는 스마트폰이에요. 스마트폰은 사용자의 일상을 낱낱이 데이터로 만들어요. 스마트폰 덕분에 시공간의 제약 없이 언제 어디서든 인터넷에 접속할 수 있지요.

　앞으로는 메타버스가 그런 역할을 할 가능성이 높아요. 정보통신기술플랫폼은 10년마다 거대한 변화를 겪었어요. 1990년대 PC

통신(전화망을 이용한 데이터 통신), 2000년대 인터넷, 2010년대 모바일이 변화를 주도했어요. 아마도 2020년대는 메타버스의 세상이 되지 않을까요?

메타버스는 아직 명확히 정의 내려지지 않았어요. 메타버스를 글자 그대로 풀이하면 '넘어서다'는 뜻의 '메타'와 세계나 우주를 뜻하는 '유니버스'가 합쳐진 말로 '3차원 가상 세계'를 뜻해요. 물론 가상 현실보다 발전된 개념으로, 경제 활동은 물론이고 다양한 사회 활동이 이뤄지는 온라인 공간이에요.

메타버스는 여러 사용자가 동시에 참여하는 온라인 롤플레잉 게임(MMORPG)과 비슷합니다. 하지만 근본적인 차이가 있어요.

정해진 시스템 내에서 선택적으로 활동하는 롤플레잉 게임과 달리 메타버스에서는 이용자끼리 친교와 상거래, 경제 활동 등 오프라인에서 이뤄지는 다양한 활동이 가능해요. 기존의 온라인 게임은 현실 세계와 동떨어져 있지만 메타버스는 현실 세계와 가상 현실이 상호 작용을 해요. 이를테면 온라인 게임에서 구입한 아이템은 게임상에서만 쓰일 뿐 현실 세계로 가져올 수 없지만, 메타버스에선 이것이 가능하지요.

디센트럴랜드(Decentraland)는 암호 화폐를 기반으로 하는 가상 현실 플랫폼이에요. 랜드 규모는 제한이 있기에 수요에 따라 가격이 결정되며, 토지는 'MANA'라는 암호 화폐로 거래해요. 디센트럴랜드에서 사람들은 자신이 소유한 땅에서 파티, 전시회, 영화 상영회 등을 열어 사람들을 끌어모으고 수익을 만들어 내요. 이렇게 현실 세계의 사회적·경제적 활동이 메타버스에서도 가능해요. 메타버스에서 파티를 열고 물건을 거래하고 강의를 듣고 건물을 세웁니다.

2021년, 영국에선 아동 성범죄 전력이 있는 20대 남성이 로블록스와 포트나이트라는 메타버스 플랫폼에서 남자 어린이들에게 성적 접근을 시도했다가 징역 2년을 선고받았습니다. 메타버스 이용자가 캐릭터와 실제 자아를 동일시할 정도로 가상 현실과 현실 세계를 혼동할 경우 디지털 성범죄(Grooming), 음란 채팅, 사이버스토킹, 아바타 몰카 등이 발생할 수 있습니다. 이러한 메타버스 이용에 따른 윤리적 문제를 현실 세계의 잣대로 판단할 수 있을까요?

그래, 메타버스에서는 무슨 행동이든 할 수 있어

메타버스와 현실은 달라요

메타버스가 아무리 현실과 비슷하더라도 실제 현실과 같을 수는 없어요. 메타버스가 실제 현실보다 더 현실적으로 느껴지는 단계에 이르더라도 그것은 실제 현실일 수 없지요. 그러니 그 안에서 이뤄지는 일들도 당연히 현실 세계로 끄집어 올 필요는 없겠죠.

메타버스 아바타가 어딘가에 부딪히더라도 내 몸은 아프거나 고통스럽지 않아요. 맞거나 다치더라도 상처가 나거나 피를 흘리지 않지요. 캐릭터에 감정 이입을 해 아픔이나 슬픔 등을 느낄 수는 있겠지만, 이는 실제 감정과 달라요. 가상의 느낌일 뿐이지요. 또한 메타버스 안에서 죽더라도 현실에서는 죽지 않아요. 캐릭터가 죽더라도 언제든 다시 살리면 그만이에요. 누군가의 죽음에 슬퍼할 필요도 없지요.

그러나 현실에서 모든 생명체는 자연법칙에 따라 존재해요. 다치면 상처가 나고 피를 흘려요. 심하면 죽음에 이르죠. 예외 없이 모두 마찬가지입니다. 현실에서 자연법칙은 바뀌지 않아요. 중력의 법칙에 따라 높은 곳에서 던진 물건은 아래로 떨어집니다. 지구는 태양을 중심으로 돌고 우주는 물리 법칙에 따라 운행하지요. 이처럼 메타버스와 현실은 엄연히 다릅니다.

현실에서 못하는 일을 할 수 있어요

메타버스에는 중력도 없고 자연법칙도 없습니다. 프로그램에 입력된 규칙만 존재할 뿐이에요. 메타버스는 상상의 공간이기 때문에 현실 세계에서보다 훨씬 많은 일을 할 수 있고 많은 것이 허용돼요. 현실에서 불가능한 행위도 메타버스에서는 얼마든지 가능하지요.

메타버스는 실체가 아닌 이미지로만 채워져 있기 때문에 의지에 따라 바꿀 수 있어요. 현실에서는 얼굴이나 몸을 쉽게 바꾸기는 어려워요. 성형 수술 같은 방법이 있지만 비용, 시간, 부작용 등 여러 대가를 치러야 해요. 그러나 메타버스에서는 색깔, 형태, 음성 등 모든 것을 쉽게 바꿀 수 있어요. 현실에서 이룰 수 없는 수많은 것을 이룰 수 있지요.

온라인 게임에서 만난 이용자끼리 게임 속에서 커플이 되고 결혼하기도 해요. 그러나 이는 실제 결혼이 아니에요. 그냥 장난에 불과하죠. 게임에서 결혼했다고 상대방에게 실제 부부의 의무를 요구한다면 얼마나 황당하겠어요? 메타버스는 그야말로 상상의 세계입니다. 상상은 상상으로 남겨 둘 필요가 있어요. 현실에서도 가끔 누군가를 공격하고 심지어 죽이는 상상을 할 때가 있어요. 그렇다고 해서 그런 상상에 죄를 묻지는 않지요. 메타버스를 법으로 다스리는 것은 인간의 상상을 법으로 단속하는 것과 다르지 않아요. 메타버스에서의 행위가 실제 현실에서 범죄로 이어지지 않는 이상, 상상은 상상으로 남겨 둘 필요가 있지요.

처벌할 수 있는 것과 없는 것을 구분해요

메타버스는 모든 것이 현실이 아닌 가상이에요. 메타버스에 존재하는 사람도 가상의 사람이고, 그가 한 행동도 가상의 행위지요. 여기서 가상이라는 말은 현실 세계에 존재하지 않는다는 의미입니다. 그렇다면 현실에 존재하지 않는 대상에 현실 세계의 법을 적용해도 되는가 하는 의문을 제기할 수 있어요. 메타버스에서 성추행 같은 불쾌한 경험을 했다면 메타버스 관리자를 통해 해당 사용자에 대한 제재를 요청하면 돼요. 메타버스상에서 이뤄지면 될 제재를 현실 세계의 처벌로 끌어와선 안 되죠.

만약 메타버스에 현실 세계의 법을 적용한다면 어떻게 될까요?

황당한 일들이 벌어질 수 있겠죠. 격투 게임에서 폭행을 당했다며 폭행죄나 살인죄로 고발한다면 어떻게 될까요? 이런 식으로 메타버스에 현실의 잣대를 들이대면 메타버스는 운영되기 어려워요. 현실에서 하지 못하는 일들을 할 수 있기 때문에 메타버스가 존재하는 것이고 가치 있는 것입니다. 그런 메타버스를 현실 세계의 법으로 다스리면 메타버스는 발전하기 힘들어요.

　현실 세계의 법을 메타버스에 적용하는 것은 메타버스를 실제 현실처럼 대한다는 의미예요. 그렇게 되면 실제 현실마저 혼란스러워질 수 있어요. 예컨대 메타버스에서 이뤄진 가상 결혼을 실제 결혼처럼 여긴다면 어떻게 될까요? 실제 배우자와 가상 배우자가

누가 진짜 반려자인지를 두고 다투는 웃지 못할 상황이 벌어질 수 있어요. 만일 메타버스를 현실 세계의 법으로 규제할 수 있다 하더라도, 사건 당사자들이 서로 다른 국가의 국민일 경우 어느 국가에서 관할권을 가지는가 하는 문제가 발생할 수 있어요. 두 나라의 법이 다르면 어떻게 해야 할까요? 이처럼 메타버스에 현실 세계의 법을 적용하려면 여러 문제가 발생합니다.

아니야, 메타버스라고 모든 행동이 허용되는 건 아니야

메타버스는 현실의 연장이에요

메타버스 속 아바타는 나의 다양한 성격(멀티 페르소나)을 가상 세계에 투영한 결과일 뿐만 아니라 현실의 나로부터 일정한 권리와 책임, 의무 등을 넘겨받아 행동하는 대리인이에요. 메타버스 속 아바타의 행위는 실제 나의 행위와 같다고 여겨지기 때문에 아바타에게도 사회적 의무와 책임이 따르지요. 메타버스가 단순한 가상의 오락 공간이 아닌 일상생활과 경제 활동이 가능한 세계이기 때문입니다.

미래의 메타버스는 아마도 영화 〈레디 플레이어 원〉(2018년)과 비슷할 거예요. 영화 속 주인공은 현실에서는 가난한 청년이지만 '오아시스'라는 가상 공간에서는 능력자로 통합니다. VR 고글을 끼고 햅틱 슈트(가상 공간에서의 자극을 실제와 같이 몸에 전달해 주고, 가상 공간 상황에 맞춰 압력, 온도, 냄새 등을 구현하는 장치)를 입은 채로 가상 공간에 접속하면 현실 세계와 똑같이 행동할 수 있어요. 만남, 대화, 운동 등 현실 세계에서 하는 일들을 그대로 할 수 있어요. 심지어 가상 공간에서 격투를 벌이다 맞거나 부딪치면 아프기까지 하지요. 메타버스에서 한 행동에 대한 법적 처벌 문제는 바로 이 지점에서 발생합니다.

메타버스에서 한 아바타가 폭력적인 행동을 하여 다른 아바타를 쓰러트렸다고 해 보죠. 이때 햅틱 슈트는 아바타가 받았을 것으로 추정되는 정도만큼의 물리적 압력을 아바타 조종자, 즉 실제 사람의 신체에 가합니다. 그 상황에서 고통을 느낀다면, 메타버스에서 폭력적인 행동을 한 아바타 조종자는 타인에게 폭력을 가한 것일까요? 메타버스가 구현할 수 있는 현실감에 따라 가상의 폭력으로 넘길 수도 있고, 실제 폭력으로 느낄 수도 있어요. 중요한 점은 참여자가 현실로 느낄 수 있도록 하는 감각의 구현이지요. 즉, 기술 수준에 따라 폭력 여부가 결정될 수 있어요.

메타버스는 현실과 동떨어진 세계가 아니에요. 메타버스는 현실보다 더 현실 같은 인공의 세계를 보여 주고, 우리가 발 딛고 있는 진짜 현실을 고스란히 반영해요. 메타버스는 현실과 이어진 또 하나의 실제 공간이며, 이 둘이 합쳐져 하나의 세상을 이루고 있어요. 우리는 메타버스와 현실 세계를 인간이 살아가는 세상 전체로 이해할 필요가 있어요. 메타버스의 문제가 현실 세계로 넘어오고 현실 세계의 문제가 메타버스로 이어지는 세상이에요.

메타버스 아바타는 사람의 분신이에요

누군가 피해와 고통을 당했다면 그것을 초래한 가해자가 있을 거예요. 꿈속에서 누군가가 나를 괴롭혔다고 해서 그 사람을 가해자라고 하진 않아요. 왜냐하면 실제 인물과 꿈속 인물이 동일인이라도 실제 인물이 꿈속 인물을 조종하진 않았으니까요. 그러나 메타버스에선 달라요. 내 아바타를 누군가 괴롭혔다면 괴롭힌 아바타를 조종한 실제 사람이 있어요. 가해자는 아바타에게 범죄를 저지른 게 아니지요.

메타버스에서 어떤 여성이 성범죄를 당했다고 해 보죠. 아바타만 여성이고 피해자가 실제로는 남성이라면 그런 일을 당했을까요? 그렇지 않을 거예요. 가해자는 아바타뿐만 아니라 아바타의 실제 주인이 여성이라고 생각해서 그런 짓을 저질렀을 가능성이 커요.

메타버스에서 벌어지는 범죄는 그저 가상의 결과가 아니에요.

상상을 행동으로 옮긴 결과예요. 운전하다 사람을 치어 다치게 했는데, 자기가 그런 게 아니라 차가 그랬다고 변명한다면 말이 될까요? 마찬가지로 아바타의 행동에 책임을 져야 할 이는 아바타를 조종한 사람이에요. 아바타의 행동은 사용자의 지시에 따른 결과니까요. 메타버스에서 아바타가 저지른 범죄 역시 현실 세계의 사용자가 의도를 품고 한 행동입니다.

메타버스는 현실과 단절된 순수한 상상의 세계가 결코 아니에요. 메타버스 뒤에는 실제 현실이 자리 잡고 있어요. 현실 세계에 존재하지 않는 아바타가 메타버스에서 활동하지만, 아바타의 활

동은 저절로 이뤄지는 것이 아니에요. 아바타는 현실 세계에서 온라인에 접속한 누군가의 의도와 조종에 따라 행동해요. 그러니 메타버스 역시 현실 세계의 규칙을 적용받아야겠지요.

모든 행동이 허용될 수는 없어요

메타버스가 어떤 행위를 할 수 있는 공간이고 경제적 이익을 추구하는 공간이라면, 타인의 이익을 해치는 행위를 법으로 규제하지 못할 이유가 없습니다. 법으로 규제하지 않는다면 아무런 잘못도 없는 사람들이 피해를 볼 거예요.

앞으로 기술이 더 발전할수록 현실 세계와 메타버스 사이의 경계는 점점 희미해질 거예요. 메타버스의 아이템이 실제 경제적 가치를 가지듯이, 메타버스에서 한 행동이 실제 현실에 영향을 주는 일들이 더 많아질 거예요. 그런 만큼 메타버스에서의 범죄도 현실 세계의 범죄만큼 심각한 피해를 줄 수 있어요. 특히 성추행이나 성희롱처럼 물질적 피해보다 정신적 피해가 큰 범죄는, 현실 세계와 메타버스를 구분하지 않고 피해자에게 깊은 상처를 남길 수 있지요.

메타버스에서의 행위가 타인에게 피해를 주고 그 피해가 현실 세계로 이어질 수 있는데도 이를 처벌하지 않는다면 범죄를 인정하는 것과 같아요. 이렇게 되면 메타버스는 범죄가 무한정 허용되는 무법천지의 공간이 될 거예요. 메타버스를 법의 사각지대로 만들면 현실 세계도 질서를 유지하기 어려울 수 있습니다. 메타버스에서 불법 행위의 경험이 쌓이다 보면 현실 세계로 돌아와서도 불법을 저지를 위험성이 높아질 테니까요. 메타버스의 뿌리가 현실에 있음을 분명히 하고, 메타버스에서도 범죄는 처벌된다는 것을 확실히 해야 해요. 그래야 현실 세계도 안전하게 유지될 수 있습니다.

쟁점 정리

그래, 메타버스에서는 무슨 행동이든 할 수 있어	아니야, 메타버스라고 모든 행동이 허용되는 건 아니야
메타버스와 현실은 달라요.	메타버스는 현실의 연장이에요.
메타버스에선 현실에서 할 수 없는 일도 할 수 있어요.	메타버스 아바타는 실제 사람의 분신이에요.
메타버스에서의 옳고 그름을 현실의 잣대로 판단해선 안 돼요.	메타버스라고 모든 행동이 허용될 순 없어요.

오쌤의 한마디

아바타는 나와 다른 인물이 아니에요

2021년 12월 22일, 메타버스 업체 카부니의 니나 제인 파텔 부사장은 '현실인가 가상인가?'라는 제목의 기고문에서 가상 현실(VR), 메타버스 플랫폼인 '호라이즌 월드'에서 성범죄를 당했다고 밝혔어요. 파텔 부사장은 메타버스에서 겪은 성범죄 충격이 현실 세계에서 겪는 성범죄의 충격과 다르지 않다고 말했지요. 가상 현실과 연결된 헤드셋을 벗어 던진 후에도 가해자들의 웃음소리를 잊을 수 없었다고 해요.

인류는 과학 기술이 발달하면 밝은 미래가 펼쳐질 것으로 기대했어요. 그러나 환경이 파괴되고, 멸종 위기에 처한 동식물이 늘어났어요. 이상 기후와 환경 파괴로 인류의 생존까지 위협당하고 있지요. 왜 이런 일이 발생했을까요? 철학자 한스 요나스는 《책임의 원칙》(서광사, 1994년)에서 '윤리적 공백'이란 개념으로 이를 설명해요.

"윤리적 공백이란 과학 기술의 발전 속도를 윤리적 논의가 따라가지 못해 생기는 틈이다."

다시 말해, 급격한 과학 기술의 발전으로 파생되는 윤리적 문제를 기존의 윤리가 해결해 주지 못하는 데서 발생하는 공백입니다. 한스 요나스는 윤리적 공백을 극복하기 위한 새로운 윤리의 필요성을 강조합니다.

메타버스를 둘러싼 논란도 '윤리적 공백'의 결과로 볼 수 있어요. 메타버스가 대중화하기 시작한 것은 코로나19 전후입니다. 즉 2020년을 기점으로 메타버스 서비스가 폭증했어요. 2021년 메타버스 시장 규모는 186조 원에 달한다는 예측이 있어요. 시장은 빠르게 성장하고 이용자는 늘어났지만, 정작 메타버스에서 하는 행동의 옳고 그름에 대한 기준은 마련되지 못한 실정입니다. 앞서 설명한 것처럼 메타버스와 현실 세계의 차이로 인해 현실 세계의 잣대, 즉 기존의 윤리를 어떻게 적용해야 할지 모르는 것이죠. 이것이 바로 요나스가 말한 '윤리적 공백'이에요.

메타버스의 윤리 문제는 메타버스라는 공간을 어떻게 이해하느냐에 따라 입장이 달라질 수 있어요. 메타버스는 분명 현실 세계와 똑같지 않아요. 그렇다고 현실과 완전히 다르다고 할 수도 없지요. 메타버스에서 하는 행위와 현실 세계의 행위는 행위가 이뤄지는 장소가 달라졌을 뿐이지 그 자체는 비슷해요. 가상 현실에서 우리는 실질적인 결과를 얻습니다. 메타버스에서 파티를 연다고 하면 대화를 나누고 친교를 맺습니다. 이러한 행위는 결코 환상이 아니며 그 결과도 대리 만족이 아닙니다. 특히 현실의 다양한 문제가 메타버스로 옮겨 온다는 점에서 메타버스와 현실 세계가 이어져 있다는 사실을 부정하기 어려워요.

앞서 이야기한 니나 제인 파텔의 사례로 돌아가 보죠. 우리는 그 사람의 느낌과 감정에 주목해야 합니다. 가해자가 가볍게 여기더라도, 피해자의 고통이 가볍지 않다는 점이 중요합니다. 그녀가 느낀 것은 단순한 상상의 느낌이 아니에요. 자면서 꾼 악몽 같은 게 전혀 아니지요. 꿈은 자기 혼자 꾸지만, 메타버스는 실제 상대와 상호 작용을 해요. 현실 세계와 다르다는 이유로 메타버스를 꿈과 비슷하게 다룰 수 없는 까닭이지요.

많은 사람이 메타버스를 포함한 온라인 접속을 현실에서 벗어나 다른 세계에 들어가는 것으로 오해해요. 마치 온라인이 현실 세계와 동떨어진, 아무런 상관도 없는 세계처럼 말이에요. 그러나 로그인이라는 사전 절차와 로그아웃이라는 사후 절차는 현실 세계와 온라인 세계의 단절을 의미하지 않아요. 오히려 온라인이 현실 세계와 단단히 연결되어 있다는 것을 보여 주지요.

왜일까요? 현실 세계에 붙박인 존재만이 로그인과 로그아웃을 실행할

수 있어요. 현실 세계에서 신분을 확인받은 사람만이 계정을 만들고 ID를 부여받아요. 현실 세계에서 신분을 온전히 증명하지 못하는 사람, 가령 범죄를 저지를 의도로 메타버스에 접속하려는 사람은 정당한 절차를 거쳐서는 ID를 부여받기 힘들겠죠. 또한 현실 세계의 주체가 자기에게 부여된 ID와 패스워드를 입력하고 메타버스에 접속함으로써 행위하는 사람은 온라인 안에서 자기 동일성을 유지해요. '오승현'이라는 내 신분으로 부여받은 ID는 비록 ID 어디에도 내 이름이 드러나지 않지만, 범죄를 저질렀을 때 ID 추적을 통해 신분이 밝혀질 수 있어요. 그런 의미에서 ID는 나의 일부예요.

이처럼 자기 동일성을 유지하기 때문에 행위 주체는 메타버스 속 아바타를 동일시하고 애착을 느낄 수 있어요. 설사 겉모습이나 목소리가 달라진다고 해서 다른 인물이 되는 게 아니에요.